시험에 나오는 단어만 외운다!

New TOEIC 최빈출

VOCA

Vocabulary 1100

NEW TOEIC 최빈출
VOCA 1100

Preface

단기간에 고득점을 올리기 위한 토익 전문 단어집!

뉴토익의 특징 중 하나는 문장의 길이가 길어졌다는 것입니다. 이것은 영어를 빠르게 이해하는 것이 중요해졌다는 것을 의미합니다. 영어를 빠르게 이해하기 위해 필수적인 것이 어휘력입니다.

이 책은 토익에 자주 나오는 단어만 골라 단기간에 외우는 것을 목적으로 만들었습니다. 즉 단기간에 고득점을 올리기 위해 구성한 토익 전문 단어집입니다.

12년간의 토익 기출 문제와 뉴토익에 자주 나오는 필수 단어 1100!

이 책은 12년간의 토익 기출 문제와 최근의 뉴토익에 출제되었던 문제를 분석해서 자주 나오는 단어 1100개를 뽑아 구성한 것입니다. 표제어로 된 1100개의 단어와 보충설명 속의 파생어·동의어·반의어·관련어 그리고 예문에 있는 단어를 합하면 약 8000여개의 단어가 사용되었고 중복된 단어를 제외하면 약 4000단어가 수록되어 있습니다.

또한 짧은 구어체 중심의 예문으로 구성해서 자연스럽게 문장을 통해 단어가 암기될 수 있도록 했습니다.

토익의 95%를 커버하는 단어로 단기간에 860점을 목표!

이 4000단어를 외워두면 토익 문제를 이해하는 것이 매우 수월해집니다. 이 책에 나오는 4000단어가 실제 토익에 출제되는 단어의 대부분을 차지하기 때문입니다. 12년간의 토익 기출 문제와 최근의 뉴토익에 출제된 문제를 분석해보면 이 책에 수록된

4000단어는 전체의 약 95%를 차지하고 있습니다. 토익에는 매회 같은 단어가 사용되고 있으므로 이 정도의 어휘력이 있다면 860점은 충분히 목표로 할 수 있습니다.

Listen & Repeat로 Listening과 Speaking도 연습할 수 있게 구성!

이 책에 수록된 예문을 단어의 의미를 암기하는 데만 이용하지 말고 함께 제공하는 녹음 파일을 이용해서 예문을 듣고 소리 내어 말하는 연습(Listen & Repeat)을 하시길 바랍니다. 귀에 들리는 영어를 그와 비슷하게 소리 내어 말하는 연습을 하면 영어의 발음 패턴을 느낄 수 있으므로 영어 청취력이 향상됩니다. 토익 시험에는 리스닝파트의 배점도 무시할 수 없으므로 리스닝 실력이 더해지면 더 높은 점수를 받을 수 있습니다.

이 책에서는 이러한 Listen & Repeat 연습을 효과적으로 할 수 있도록 예문의 길이를 가능한 한 짧게 만들어 수록했습니다. 또한 딱딱한 문어체 문장이 아니라 소리를 냈을 때 자연스럽게 나오도록 구어체 중심으로 문장을 쉽게 암기할 수 있도록 되어 있습니다.

중요 접두어·어근·접미어 수록

영어 단어에는 단어를 구성하는 주요한 어근 성분 즉 어근에 접두어, 접미어를 붙여 파생어를 이루는 것이 많습니다. 어근과 접두어, 접미어를 알고 있으면 모르는 단어의 의미를 유추하는 것뿐만 아니라 단어를 체계적으로 암기하고 암기한 단어를 오래 기억할 수 있습니다.

알아두면 유용하게 쓸 수 있는 중요 접두어·어근·접미어를 부록으로 책의 뒤에 수록해 두었습니다. 공부 전이나 후에 가벼운 마음으로 읽어두면 어휘 학습에 큰 도움이 될 것입니다.

Introduction
이 책의 구성과 이용방법

— 표제어와 발음기호
TOEIC 문제에 자주 나오는 1100개를 뽑아 구성한 것입니다.
발음기호는 미국식을 원칙으로 해서 달아두었습니다.

— 표제어의 의미

---

furnish
[fə́:rniʃ]
▮▮▮▮

- 통 (가구 등을) 비치하다, 공급하다
  - furnishing 명 〈복수형으로〉 가구
  - furnished 형 가구가 비치된
  - 관련어 · furniture(가구)

□ Did you **furnish** the apartment yourself?
직접 아파트에 가구를 설치했습니까?

— 파생어와 관련어
표제어에서 파생하는 파생어, 동의어, 반의어와 표제어와 관련지어 알아두어야 할 TOEIC 관련어를 수록했습니다.

— 예문
듣고 쉽게 따라서 말할 수 있는 짧은 구어체 문장으로 되어 있습니다. 짬짬이 들으면서 문장을 통해 단어를 암기하는 용도 외에 Listen & Repeat 훈련을 통해 Listening과 Speaking을 연습하는데도 이용하시길 바랍니다.
또한 미국식 발음과 영국식 발음으로 녹음을 해서 LC파트의 영국식 발음에도 대비할 수 있도록 구성했습니다.

— 빈도 표시
막대는 TOEIC 문제에 나오는 빈도를 나타냅니다. 4단계로 되어 있고 진한 검은색 막대가 많을 수록 더욱 자주 출제된다는 것을 의미합니다.

이 책은 다음과 같은 순서로 공부하면 효과적입니다.

표제어를 보고 의미를 파악한다.

⇩

파생어와 관련어를 읽고 표제어와 관련된 단어를 알아둔다.

⇩

예문을 읽고 의미를 파악한다.

⇩

녹음된 예문의 내용을 듣고 발음을 확인한다.

⇩

녹음된 예문의 내용을 듣고 따라서 발음하는 연습을 한다.

⇩

내용을 완전히 익힐 때까지 따라 말하는 연습을 계속한다.

부록 CD에는 표준어를 구사하는 미국인이 실제 TOEIC의 속도로 예문을 2번 반복해서 녹음한 mp3 파일이 들어 있습니다. 문장을 통해 단어를 암기하는 용도 외에 Listen & Repeat 연습을 해서 Listening과 Speaking을 대비하는데도 이용해 주시기 바랍니다.

또한 LC파트의 영국식 발음에도 대비할 수 있도록 미국식 발음과 영국식 발음으로 녹음된 파일을 토마토 홈페이지(www.tomatobooks.co.kr)에서 무료로 다운로드 하실 수 있습니다. 꼭 방문하셔서 이용해 주시길 바랍니다.

이 책에 사용된 품사 기호는 다음과 같은 의미를 나타냅니다.

명	명사	부	부사
동	동사	전	전치사
형	형용사	접	접속사

Contents

- Preface
- Introduction

나·오·는·단·어·만·외·운·대!

NEW TOEIC *VOCABULARY 1100*

Week 1

Day 1 · Day 2 · Day 3 · Day 4 · Day 5

Day

1

---

factor

[fǽktər]

||||

명 요인, 요소, 원인

|관련어| • element(요소)
       • deciding factor(결정적 요인)

☐ His family was a critical **factor** in his decision.
그의 결정에서 자신의 가족은 결정적인 요소였다.

---

aid

[eid]

||||

명 원조   동 원조하다

|관련어| • first aid(응급처치)   • legal aid(법률 구조)

☐ We're sending financial **aid** to the earthquake victims.
우리는 지진 피해자들에게 재정적 원조를 주고 있다.

---

furnish

[fə́:rniʃ]

||||

동 (가구 등을) 비치하다, 공급하다

◇ furnishing 명 〈복수형으로〉 가구
◇ furnished 형 가구가 비치된
|관련어| • furniture(가구)

☐ Did you **furnish** the apartment yourself?
직접 아파트에 가구를 설치했습니까?

---

ladder
[lǽdər]
IIII

명 사다리

☐ The thief seems to have used a **ladder** to get in.

그 도둑은 침입하는데 사다리를 사용한 것 같다.

pill
[pil]
IIII

명 알약

☐ There were some **pills** in the bottle.

그 병 안에 알약이 얼마간 들어 있었다.

attitude
[ǽtitjùːd]
IIII

명 태도, 자세

※ 뒤에는 전치사 to나 toward가 온다.

☐ She didn't like his **attitude** toward her.

그녀는 그가 자신을 대하는 태도가 마음에 들지 않았다.

avoid
[əvɔ́id]
IIII

동 피하다

※ avoid 뒤에 동사가 올 때는 -ing형이 온다.

◈ avoidance 명 회피   ◈ avoidable 형 피할 수 있는

☐ We should **avoid** accumulating debt.

우리는 빚이 누적되는 것을 피해야 한다.

collect
[kəlékt]
IIII

동 모으다[모이다], (눈·먼지 등이) 쌓이다
형 요금 수신인 지불의

◈ collection 명 수집물, 채집   ◈ collective 형 모인, 단체의
|관련어| · gather(모이다)

☐ All used office paper will be **collected** for recycling.

사용된 용지는 재활용을 위해 전부 수거될 것이다.

apparently
[əpǽrəntli]
‖‖‖

부 명백히

◇ apparent 형 명백한

☐ He is **apparently** telling the truth.
그는 명백히 진실을 말하고 있다.

confirm
[kənfɔ́ːrm]
‖‖‖

동 확인하다, (결심 등을) 굳히다

◇ confirmation 명 확인, 확증
◇ confirmed 형 확인된, 상습적인
관련어 • reconfirm(재확인하다) • reconfirmation(재확인)

☐ Will you **confirm** our hotel booking by phone?
전화로 호텔 예약을 확인해 주시겠어요?

committee
[kəmíti]
‖‖‖

명 위원회, 위원

관련어 • commission(위원회)
 • sit[be] on the committee(위원이다)

☐ The **committee** is reviewing the proposal.
위원회는 기획안을 재검토 하고 있다.

follow
[fálou]
‖‖‖

동 따르다, (규정 등을) 지키다

◇ following 명형 추종자, 다음에 말하는 것; 다음의

☐ I find it difficult to **follow** the instructions.
나는 그 사용설명서에 따르는 것은 어렵다고 생각한다.

quarter
[kwɔ́ːrtər]
‖‖‖

명 4분기

☐ Profits were lower in the second **quarter**.
2/4분기의 이익은 적었다.

14 NEW TOEIC *VOCABULARY 1100*

auditorium
[ɔ̀ːditɔ́ːriəm]
||||

명 강당

☐ The author made a speech to the students in the **auditorium**.
그 작가는 강당에서 학생들에게 강연을 했다.

check
[tʃek]
||||

동 확인하다
명 수표

관련어 • personal check(개인 수표)

☐ Could you **check** if these figures are accurate?
이 수치들이 맞는 지 확인해 주시겠어요?

sure
[ʃuər]
||||

형 확실한, 틀림없는
부 확실히

※ I'm not sure.는 I don't know.와 거의 같은 의미를 나타낸다.
◈ surely 부 확실하게, 틀림없이
관련어 • certain(확실한)   • unsure(불확실한)

☐ I'm **sure** of the success of this campaign.
나는 이 캠페인의 성공을 확신한다.

collapse
[kəlǽps]
||||

동 붕괴하다, (사업 등이) 실패하다
명 붕괴, 폭락

☐ Lots of people lost their jobs when the housing market **collapsed**.
주택 시장이 붕괴하면서 많은 사람들이 직장을 잃었다.

earn
[əːrn]
||||

동 벌다, (생계를) 꾸려가다, (평판을) 얻다

관련어 • earnings(수입, 소득)

☐ He **earns** over 2 million dollars a year.
그는 연간 2백만 달러 이상을 번다.

spare

[spεər]

॥॥

형 예비의

동 (시간, 돈 등을) 절약하다, 빌려주다

☐ Besides teaching Korean, he writes novels in his **spare** time.
한국어를 가르치는 외에도 그는 한가한 시간에 소설을 쓴다.

allow

[əláu]

॥॥

동 허가[허락]하다, (시간, 돈을) 주다

◇ allowance 명 급여, 수당, 허가

|관련어| • allow A to ~(A에게 ~하는 것을 허락하다)

☐ I can't **allow** you to change our plans.
당신이 우리 계획을 변경하게 할 수는 없다.

leave

[li:v]

॥॥

명 휴가

동 떠나다, 사직하다, (~상태로) 내버려 두다

|관련어| • ~ leave(~휴가) • leftover(나머지, 잔존물)

☐ Employees are given annual paid **leave** of twenty days.
종업원들에게 20일의 연차 유급 휴가가 주어진다.

hire

[háiər]

॥॥

동 고용하다, (요금을 내고) 세내다

명 임차, 사용료

|관련어| • employ(고용하다)

☐ Forget about the money and just **hire** someone else.
돈 문제는 잊고 누구 다른 사람을 고용하세요.

mayor

[méiər]

॥॥

명 시장, (지방 자치단체의) 장

◇ mayoral 형 시장의

|관련어| • governor(지사)

☐ The **mayor** made a speech at the city conference.
시장은 시의회에서 연설했다.

statistics

[stéitistiks]

명 통계 [자료], 통계학

※ '통계'의 의미는 복수 취급, '통계학'의 의미는 단수 취급.

◇ statistic 명 통계치
◇ statistical 형 통계적인
◇ statistically 부 통계적으로

☐ His presentation included **statistics** to support the conclusion.
그의 발표는 결론을 뒷받침하는 통계를 포함하고 있었다.

court

[kɔːrt]

명 법정, (테니스 등의) 코트

|관련어| • civil court(민사 법원)
• criminal court(형사 법원)
• family (affairs) court(가정 법원)
• district court(지방 법원)
• high court(고등 법원)
• the Supreme Court(대법원)

☐ He finally took the matter to **court**.
그는 결국 그 일을 재판에 붙였다.

agree

[əgríː]

동 동의[합의]하다, 일치하다

◇ agreement 명 합의, 일치
◇ agreeable 형 기분 좋은, 동의할 수 있는
◇ agreed 형 동의한, 합의한
|관련어| • disagree(반대하다)

☐ I entirely **agree** with you on that point.
그 점에 관한 한 전적으로 당신과 의견이 같다.

content

[kántent]

명 내용, 내용물

|관련어| • table of contents(목차)

☐ Nancy carefully labeled each box with its **content**s.
낸시는 상자 하나하나에 그 내용물을 나타내는 라벨을 조심스럽게 붙였다.

current
[kə́:rənt]
ⅢⅢ

형 현재의, (통화) 유통되고 있는
명 흐름, 경향, 전류

◇ currency 명 화폐, 유통   ◇ currently 부 현재, 일반적으로
|관련어| • present(현재의)

☐ Where's the **current** issue of TIME?
이번 주 타임지는 어디 있나요?

person
[pə́:rsən]
ⅢⅢ

명 사람, 인물

|관련어| • in person(본인이 직접)
       • in writing(서면으로)

☐ I went to his office in **person**.
나는 직접 그의 사무실로 갔다.

research
[risə́:rtʃ]
ⅢⅢ

명 연구, 조사   동 연구[조사]하다

◇ researcher 명 연구자

☐ The writer did a lot of historical **research**.
그 작가는 역사에 관한 조사를 많이 했다.

acknowledge
[əknɑ́lidʒ]
ⅢⅢ

동 인식하다, 인정하다, 수령을 전하다

◇ acknowledgment 명 인식, 사례, 통지
◇ acknowledged 형 정평이 난

☐ She **acknowledged** that she was wrong.
그녀는 자신이 잘못했다는 걸 인정했다.

impact
[ímpækt]
ⅢⅢ

명 영향
동 [impǽkt] 영향을 주다

☐ Trade disputes have had a negative **impact** on sales.
무역 분쟁은 매출에 부정적인 영향을 미쳤다.

turn in

[təːrn in]

동 ~을 제출하다

◇ turn off[on] (전기 등을) 끄다[켜다]

☐ Linda **turned in** an application for the position.
린다는 그 직에 지원서를 제출했다.

expert

[ékspəːrt]

명 전문가

형 [ikspə́ːrt] 숙련된, 전문의

◇ expertise 명 전문 지식

|관련어| • an expert in[on, at] ~(~의 전문가)

☐ He is an **expert** in international relations.
그는 국제관계 전문가이다.

export

[ékspɔːrt]

명 수출   동 [ikspɔ́ːrt] 수출하다

◇ exportation 명 수출

|관련어| • import(수입; 수입하다)

☐ In 2009 the imports exceeded the **exports** in our trade with China.
2009년 중국과의 무역에서 수입이 수출을 초과했다.

extract

[ikstrǽkt]

동 추출하다

명 [ékstrækt] 추출물, 인용

◇ extraction 명 추출

☐ We can now **extract** gold from sea water.
우리는 지금 바닷물에서 금을 추출할 수 있다.

overseas

[óuvərsíːz]

형 외국의

명 [òuvərsíːz] 외국   형 외국으로

☐ The company has two **overseas** branches.
그 회사는 해외 지점이 둘 있다.

Day

2

---

transport

[trænspɔ́ːrt]

▮▮▮▮

동 수송[운송]하다

명 [trǽnspɔ̀ːrt] 수송

◈ transportation 명 수송, 교통기관

☐ Milk, butter and cheese are **transported** here from the dairy farm.

우유와 버터, 치즈는 농장에서 이곳으로 수송돼 온다.

---

update

[ʌpdéit]

▮▮▮▮

동 갱신하다

명 [ʌ́pdèit] 갱신, 최신 정보

☐ The index will need to be **updated**, to reflect recent changes.

그 지표는 최신 변동 사항을 반영해 갱신되어야 할 것이다.

---

import

[impɔ́ːrt]

▮▮▮▮

동 수입하다, ~의 뜻을 내포하다

명 [ímpɔːrt] 수입

◈ importation 명 수입   ◈ importer 명 수입업자

|관련어| • export(수출하다; 수출)

☐ Korea **imports** much electronic equipment from Japan.

한국은 일본에서 많은 전자기기를 수입한다.

---

environment

[inváiərənmənt]

명 환경, 〈the ~로〉 자연환경

◇ environmentalist 명 환경보호주의자
◇ environmental 형 환경의
관련어 • social environment(사회 환경)

☐ More people are concerned about the **environment** now.
환경을 걱정하는 사람들이 늘고 있다.

seem

[siːm]

동 (겉보기에) ~인 것 같다

◇ seemingly 부 겉으로는

☐ The new product **seems** to have kept up our competitiveness.
신제품이 우리의 경쟁력을 유지시켜 줄 것 같다.

afraid

[əfréid]

형 유감스러우나, ~을 꺼려하여, 두려워하여

☐ I am **afraid** I must say bye.
아쉽지만 작별 인사를 해야겠어요.

however

[hauévər]

부 아무리 ~일지라도
접 그러나

관련어 • no matter how(설사 ~일지라도)
• nevertheless(그러나 = but)

☐ **However** tired you may be, you must do it.
아무리 피곤해도 당신은 그것을 해야 한다.

anniversary

[ænəvə́ːrsər]

명 기념일

☐ The company will celebrate its fiftieth **anniversary** next month.
그 회사는 다음 달 50주년을 축하할 것이다.

during
[djúəriŋ]

전 ~동안, ~사이에

※ while(~동안)은 접속사이므로 뒤에 절이 이어진다.
- duration 명 지속기간
- durability 명 내구성
- durable 형 내구력이 있는

☐ I couldn't concentrate **during** this morning's meeting.
나는 오늘 아침 회의 때 집중할 수 없었다.

remark
[rimá:rk]

명 의견, 〈복수형으로〉 비고란
동 의견을 말하다

- remarkable 형 두드러진(= astonishing)
- remarkably 부 현저하게(= surprisingly)

☐ The manager made a **remark** about the sales clerk.
지점장은 그 판매원에 대해 의견을 말했다.

compliment
[kámpləmənt]

명 찬사, 〈복수형으로〉 축사
동 [kámpləmènt] 칭찬하다, 축하하다

- complimentary 형 칭찬하는, 무료의, 초대의
|관련어| • complimentary ticket(초대권)

☐ She thanked him for his **compliment** on her achievement.
그녀는 자신의 업적에 관한 그의 찬사에 감사했다.

automate
[ɔ́:təmèit]

동 자동화하다

※ auto-는 '자동'이란 의미의 접두어.
- automation 명 자동화
- automatic 형 자동의
- automated 형 자동화된
- automatically 부 자동적으로

☐ The plant has to **automate** its production line.
그 공장은 생산 라인을 자동화해야 한다.

let

[let]

동 ~에게 …하게 하다

※ 'let+목적어(사람, 사물)+원형부정사' 형태로 많이 쓰인다.

☐ Please **let** me know if you need anything.
필요한 것이 있으면 말해 주세요.

due

[dju:]

형 만기의, ~하기로 되어 있는, ~에 기인하는

|관련어| • due to ~(~때문에) • the due date(지급 기일)

☐ The paper is **due** on the 1st of October.
논문은 10월 1일이 마감이다.

fail

[feil]

동 실패하다, ~하지 못하다, (시험에) 떨어지다

◇ failure 명 실패, 고장

☐ These latest proposals have **failed** the Cabinet's endorsement.
최근의 이 제안들은 내각의 승인을 받지 못했다.

intend

[inténd]

동 의도하다, ~할 작정이다

◇ intention 명 의도
◇ intended 형 의도된
◇ intentional 형 의도적인
◇ intentionally 부 의도적으로

☐ This merchandise is **intended** chiefly for foreign markets.
이 상품은 주로 외국 시장을 겨냥한 것이다.

require

[rikwáiər]

동 요구하다, ~할 필요가 있다

◇ requirement 명 요건, 필요조건, 자격
◇ required 형 필수의

☐ This job **requires** a lot of time.
이 일은 시간이 많이 걸린다.

renowned

[rináund]

▮▮▮▮

형 유명한

☐ I have an autograph by a **renowned** musician.
　나는 유명한 음악가의 사인을 갖고 있다.

force

[fɔːrs]

▮▮▮▮

동 억지로 ~시키다, 강제하다
명 힘, 무력, 영향력

◇ forced 형 강요된　　　◇ forceful 형 힘찬

※ –ful은 '많은'이라는 의미의 접미사. forceful → force가 많은.

|관련어| • full force(총력)

☐ They **forced** me to go there.
　그들은 나를 억지로 그곳에 가게 했다.

region

[ríːdʒən]

▮▮▮▮

명 지역, 영역

◇ regional 형 지방의, 지역의

|관련어| • area(지역)

☐ It's hot all year long in the Caribbean **region**.
　카리브 해 지역은 일 년 내내 덥다.

expect

[ikspékt]

▮▮▮▮

동 기대[예상]하다, 〈진행형으로〉 임신 중이다

◇ expectation 명 기대, 예상　　◇ expectant 형 기대하고 있는

☐ I didn't **expect** to see you here.
　여기서 당신을 만나리라고는 생각지 못했다.

voyage

[vɔ́iidʒ]

▮▮▮▮

명 항해

☐ He took charge of the necessary equipment for a **voyage**.
　그는 항해에 필요한 준비를 맡았다.

rest

[rest]

IIIII

명 휴식, 〈the ~로〉 나머지
동 쉬다, ~에 의지하다

◇ restful 형 편안한　　　　◇ restless 형 불안한

☐ Let's take a short **rest** before the meeting.
　회의 전에 잠깐 쉬자.

---

co-worker

[kóuwə̀ːrkər]

IIIII

명 동료

※ co–는 '함께'라는 의미를 나타내는 접두사.
관련어 • colleague(동료)

☐ The **co-workers** held a bridal shower for Mary.
　동료들이 메리의 결혼 축하 파티를 열어주었다.

---

lately

[léitli]

IIIII

부 최근

☐ Delivery has been backed up **lately** due to the holiday season.
　연휴 기간이라 최근에 배달이 밀려 있다.

---

nearby

[níərbài]

IIIII

형 바로 가까이의

☐ She went to a **nearby** store to get some eggs.
　그녀는 계란을 사려고 인근 가게로 갔다.

---

influence

[ínfluəns]

IIIII

명 영향, 영향력, 세력
동 영향을 주다, 감화하다

◇ influential 형 영향력이 큰, 유력한

☐ You must not drive under the **influence** of alcohol.
　알코올 영향을 받는 상태에서 운전을 해선 안 된다.

perfect

[pə́:rfikt]

형 최적의, 완벽한, 최고의
동 [pə(:)rfékt] 완전하게 하다

◇ perfection 명 완벽　　◇ perfectly 부 완벽히

|관련어| · ideal(이상적인)

☐ He is the **perfect** candidate for the job.
그는 그 일에 최적임자이다.

raise

[reiz]

동 올리다

☐ Those who came late, **raise** your hand.
지각한 사람은 손을 들어라.

potential

[pouténʃəl]

형 잠재적인, 가능성이 있는
명 가능성, 잠재 능력

◇ potentiality 명 잠재 가능성　　◇ potent 형 유력한
◇ potentially 부 잠재적으로

☐ We will meet our **potential** client today.
우리는 고객이 될 가능성이 있는 사람과 오늘 만날 예정이다.

assume

[əsjú:m]

동 생각하다, 가정하다, (임무, 책임 등을) 떠맡다

◇ assumption 명 가정

☐ Can I **assume** your insurance will cover the damage?
당신 보험이 손해를 보장해줄 거라고 생각해도 좋습니까?

hour

[áuər]

명 〈복수형으로〉 영업시간

☐ What are your **hours** tomorrow?
내일은 영업시간이 어떻게 되죠?

branch

[bræntʃ]
▮▮▮▮

명 지점, 가지
동 분기하다, 갈라지다

|관련어| · headquarters(본사)

☐ The bank has **branches** in all part of our country.
그 은행은 우리나라 전역에 지점이 있다.

commercial

[kəmə́:rʃəl]
▮▮▮▮

형 상업의, 영리의, 광고용의
명 광고방송

◇ commercialize 동 상업화하다   ◇ commerce 명 상업
◇ commercially 부 상업적으로

☐ I think TV **commercials** are very entertaining.
텔레비전 광고들은 아주 재미있다고 생각한다.

fortune

[fɔ́:rtʃən]
▮▮▮▮

명 재산, 행운

◇ fortunate 형 운이 좋은
◇ fortunately 부 운 좋게
|관련어| · misfortune(불행)
      · unfortunate(불운한)
      · unfortunately(불운하게도)

☐ I made a **fortune** in stocks.
나는 주식으로 큰돈을 벌었다.

deal

[di:l]
▮▮▮▮

명 거래
동 다루다, 거래하다, 분배하다
부 상당히, 꽤

◇ dealer 명 상인, 판매자
|관련어| · deal with ~(~와 거래하다)

☐ They made a **deal** with the bank.
그들은 그 은행과 거래했다.

railing

[réiliŋ]

명 난간, 가드레일

◇ rail 동명 울타리로 둘러싸다, 레일을 깔다; 가로대, 〈복수형으로〉 방책, 울타리

☐ The rug was hung over the **railing**.
양탄자가 난간에 널려 있었다.

across

[əkrɔ́:s]

전 건너편에, 가로질러

※ across from도 거의 같은 의미로 쓰인다.

☐ The writer lived right **across** from her house.
그 작가는 그녀의 집 바로 건너에 살고 있었다.

inquire

[inkwáiər]

동 묻다, 조사하다

◇ inquiry 명 조사, 질문
◇ inquiring 형 묻는, 미심쩍어 하는
◇ inquisitive 형 호기심 많은

☐ I'm going to **inquire** if I can get a discount.
할인이 되는지 물어볼 작정이다.

fee

[fi:]

명 요금

☐ Please deposit your annual membership **fee**.
연회비를 입금해 주세요.

domestic

[douméstik]

형 국내의, 가정의

◈ domesticate 통 길들이다
|관련어| • domestic affairs(가사)
  • domestic products(국산품)

☐ We have many difficult **domestic** problems to solve.
우리는 풀어야 할 국내 문제가 많다.

reinforce

[rì:infɔ́:rs]

동 보강하다, 증강하다, 강조하다

◈ reinforcement 명 강화, 지원군

☐ They **reinforced** the riverbanks with sandbags.
그들은 강둑을 모래주머니로 보강했다.

steel

[sti:l]

명 철, 강철

◈ steely 형 강철의, 완고한
|관련어| • steel industry(철강업)

☐ **Steel** tends to corrode faster in a salty atmosphere.
철은 염분이 있는 대기에서는 더 빨리 부식하는 경향이 있다.

severe

[sivíər]

형 심각한, 가혹한

◈ severely 부 심하게, 엄하게

☐ Our parents were quite **severe** with us.
부모님은 우리에게 너무 엄했다.

various

[vέəriəs]
▮▮▮▮

형 여러 가지의

◇ vary 동 변화하다　　　　◇ variety 명 다양성, 종류
◇ variation 명 변화, 차이　◇ variant 형 다른
◇ variable 형 변하기 쉬운, 다양한

☐ I've heard **various** rumors about her.
그간 그녀에 대한 여러 가지 소문을 들었다.

monitor

[mάnitər]
▮▮▮▮

동 관찰하다, 감시하다, 측정하다
명 모니터, 측정기, 감시원

◇ monitoring 명 감시, 관찰

☐ The people **monitored** the procedure carefully.
사람들은 그 행위를 주의 깊게 감시했다.

brief

[bri:f]
▮▮▮▮

형 짧은, 간결한　　명 요약, 개요
동 요약하다

◇ briefly 부 간단히
◇ briefing 명 요약 설명

☐ I'd like to give a **brief** summary of the major focus of this meeting.
이 회의의 주요 사안을 간단하게 요약을 하고자 합니다.

consider

[kənsídər]
▮▮▮▮

동 고려[숙고, 검토]하다

◇ consideration 명 고려, 검토, 배려
◇ considerate 형 사려 깊은
◇ considerable 형 상당한, 적지 않은
◇ considerably 부 꽤(= significantly, substantially)
◇ considering 전 ~을 고려하면
|관련어| • consider ~ing(~하려고 생각하다)

☐ I'm **considering** investing in the new apartment complex.
새로운 아파트 단지에 투자할 것을 고려중이다.

appreciate

[əpríːʃièit]

||||

동 감사하다, 감상[평가]하다

◇ appreciation 명 감사, 감상, 평가
◇ appreciative 형 감사하고 있는, 진가를 아는

☐ I'd **appreciate** any advice you can give.

어떤 조언을 해주시든 감사하겠습니다.

reduce

[ridʒúːs]

||||

동 줄이다, 감소하다, 낮추다

◇ reduction 명 삭감, 축소, 하락
◇ reduced 형 축소한, 감소한, 인하한
|관련어| • cut(낮추다= lower)

☐ We need to **reduce** expenses this month.

우리는 이번 달에 지출을 줄일 필요가 있다.

prepare

[pripέər]

||||

동 준비[마련]하다, 각오시키다

◇ preparation 명 준비, 예습
◇ preparatory 형 준비의
◇ prepared 형 준비되어 있는

☐ Hope for the best, and **prepare** for the worst.

최선을 기대하고, 최악에 대비하라.

deposit

[dipázit]

||||

명 보증금, 예금
동 맡기다, 입금하다

|관련어| • make a deposit(예금하다)
• security deposit(보증금)
• fixed deposit(정기예금)
• deposit[current] account(예금[당좌]계좌)

☐ We have to make a **deposit** of one dollar to use the locker.

사물함을 사용하려면 1달러의 보증금을 맡겨야 한다.

enhance

[enhǽns]

동 올리다, 강화하다

◇ enhancement **명** 강화, 향상

☐ Through this kind of specialization we have **enhanced** our production efficiency.

이런 종류의 전문화를 통해 우리는 생산효율을 높였다.

impose

[impóuz]

동 부과하다, 강요하다

◇ imposition **명** 부과, 부당한 요구

◇ imposing **형** 당당한, 인상적인

|관련어| • impose a ban(금지하다)

☐ They **imposed** a tax of 100 dollars upon me.

그들은 나에게 백 달러의 세금을 부과했다.

inspire

[inspáiər]

동 고무하다, 격려하다

◇ inspiration **명** 영감

◇ inspiring **형** 고무하는

◇ inspired **형** 영감을 받은

☐ I was really **inspired** by his speech.

그의 연설을 듣고 정말 감동을 받았다.

portion

[pɔ́ːrʃən]

명 부분

☐ Mobile phones are used by a large **portion** of the students.

학생들 대부분이 휴대전화를 사용하고 있다.

lecture

[léktʃər]

명 강의 **동** 강의하다

◇ lecturer **명** 강연자

☐ His dull **lecture** tired the audience.

그의 따분한 강연에 청중은 지루해했다.

individual

[ìndəvídʒuəl]
||||

명 개인

형 개인의, 개개의, 독특한

◇ individualism 명 개인주의
◇ individuality 명 개성
◇ individualistic 형 이기주의적인

☐ He visited the shrine as a private **individual**.

그는 그 신전에 개인자격으로 방문했다.

develop

[divéləp]
||||

동 발달하다[시키다], 개발하다, 현상하다

◇ development 명 발달, 개발, 현상
◇ developed 형 발전한
◇ developing 형 발전도상의

☐ Children's language **develops** with everyday talk.

아이들의 언어는 매일 매일의 대화를 통해 발전한다.

opening

[óupəniŋ]
||||

명 열기, 개시, 개막, 일자리, 공석

◇ open 동형 열다; 열린, 공석의
◇ openly 부 솔직히, 공공연히

☐ He looks for an **opening**.

그는 일자리를 찾고 있다.

concern

[kənsə́:rn]
||||

명 관심사, 걱정

동 ~에 관계하다, ~을 걱정하다

※ 뒤에 오는 전치사는 about.
◇ concerned 형 걱정스러운(= worried), 관계있는
◇ concerning 전 ~에 관하여

☐ Residents expressed **concern** about road safety.

주민들은 교통안전에 대해 우려를 표명했다.

strive

[straiv]
ⅢⅢ

동 노력하다

☐ He always **strives** to enter the prestigious university.

그는 명문대학에 입학하려고 항상 노력한다.

residence

[rézidəns]
ⅢⅢ

명 주거, 거쥐[지]

◈ reside 동 거주하다　　◈ resident 명 주민
◈ residential 형 주거의

☐ The reception will be held at the Ambassador's **residence**.

리셉션은 대사관저에서 열릴 것이다.

outline

[áutlàin]
ⅢⅢ

명 개요
동 개요를 설명하다

|관련어| • brief outline(요점)

☐ The manager gave the employees an **outline** of the new project.

경영자는 종업원에게 새 프로젝트의 개요를 설명했다.

dramatic

[drəmǽtik]
ⅢⅢ

형 극적인, 감동적인, 연극의

◈ drama 명 연극　　◈ dramatize 동 각색하다
◈ dramatically 부 극적으로

☐ China's economic environment has experienced **dramatic** changes.

중국의 경제 상황은 극적인 변화를 겪어 왔다.

reform

[ri:fɔ́:rm]
ⅢⅢ

동 개혁하다　명 개혁

◈ reformative 형 개혁의

☐ He promised to **reform** working conditions.

그는 노동조건을 개혁할 것을 약속했다.

urge

[əːrdʒ]

동 재촉하다, 거듭 간청하다
명 충동

|관련어| • strong urge(강한 충동)
 • urge A to B(A에게 B할 것을 재촉하다)

☐ They **urged** me to visit the place during my trip to Seoul.

그들은 서울 여행 중에 그 장소를 방문하라고 나에게 거듭 간청했다.

customer

[kʌ́stəmər]

명 고객, 거래처

◊ customize 동 특별 주문하다

|관련어| • client(고객, 의뢰인) • shopper(물건을 사는 사람)
 • diner(식당 손님) • guest(호텔 숙박객)

☐ Nancy, would you attend to the **customer** who just came in?

낸시, 방금 들어온 손님 좀 응대해 줄래요?

rate

[reit]

명 비율, 요금, 정도
동 평가[사정]하다

|관련어| • price(값, 가격) • charge(요금)
 • fee(요금) • fare(운임)
 • toll(통행료, 장거리통화료)

☐ When interest **rates** are high, investors prefer bonds.

금리가 높을 때 투자자들은 채권을 선호한다.

revise

[riváiz]

동 개정[수정]하다
명 개정[판]

◊ revision 명 개정
◊ revisionism 명 수정주의

☐ According to the newly **revised** Korean constitution, the president's term of office is 5 years.

새로 개정된 한국 헌법에 따르면 대통령의 임기는 5년이다.

Day

4

---

trouble

[trʌ́bəl]

▮▮▮▮

명 곤란, 걱정거리, 고장
동 괴롭히다, 걱정시키다, 난처하게 하다

◈ troublesome 형 성가신, 귀찮은
|관련어| • problem(곤란)

☐ The ship developed engine **trouble**.
그 배는 엔진 고장을 일으켰다.

---

premises

[prémisiz]

▮▮▮▮

명 건물

※ 건물을 포함한 토지를 나타내기도 한다.
◈ premise 명 전제, 가정

☐ The gate was shut, so we could not get into the **premises**.
대문이 잠겨 있어서 구내에 들어갈 수 없었다.

---

hang

[hæŋ]

▮▮▮▮

동 매달다, 걸다

|관련어| • hanger(옷걸이)

☐ She is **hanging** a poster on the wall.
그녀는 벽에 포스터를 내걸고 있다.

---

architecture

[ɑ́:rkətèktʃər]

명 건축, 건축학

◈ architect 명 건축가　　　◈ architectural 형 건축의

☐ This church is a perfect example of Renaissance **architecture**.
이 교회는 르네상스 건축의 완벽한 예이다.

suspend

[səspénd]

동 일시정지하다, 정직시키다, 걸다

◈ suspense 명 미결상태　　　◈ suspension 명 일시정지, 정직
◈ suspended 형 매단, 정지한

☐ We have to **suspend** our business plans.
우리는 우리 사업 계획들을 보류해야 한다.

outstanding

[àutstǽndiŋ]

형 미결제의, 걸출한

관련어 · outstanding achievement(위업)

☐ They didn't realize they had an **outstanding** balance.
그들은 밀린 금액이 있는 줄은 몰랐다.

undergo

[ʌ̀ndərgóu]

동 받다, 겪다, 경험하다

☐ The car industry is currently **undergoing** rapid change.
자동차 산업은 현재 급속한 변화를 겪고 있는 중이다.

opinion

[əpínjən]

명 의견, 견해

관련어 · view(의견, 견해)
· opinion poll(여론 조사)
· in my opinion(내 생각으로는)

☐ They should unify their **opinions** into one.
그들은 의견들을 하나로 통일해야 한다.

attribute
[ətríbjuːt]

동 ~의 결과라고 생각하다
명 [ǽtríbjùːt] 특성

◇ attributable 형 ~에게 돌릴 수 있는

☐ She **attributed** her success to his help.
그녀는 자신의 성공을 그의 도움 덕으로 돌렸다.

finally
[fáinəli]

부 최후로, 결국

◇ finalize 동 끝내다, 결말짓다
◇ final 명형 최후의 것, 결승전; 최후의
|관련에| · final exam(기말시험)

☐ They **finally** got married.
그들은 결국 결혼했다.

resolve
[rizálv]

동 해결하다, 결심하다

◇ resolution 명 결심

☐ The problem can be **resolved** through discussion.
그 문제는 대화로 해결될 수 있다.

crucial
[krúːʃəl]

형 중대한, 결정적인

◇ crucially 부 결정적으로

☐ The police found a **crucial** piece of evidence during the search.
경찰은 수사 중에 결정적인 증거를 찾아냈다.

combine
[kəmbáin]

동 겸비하다, 결합하다, 합동하다
명 제휴

◇ combination 명 결합, 배합   ◇ combined 형 결합한

☐ He **combined** a keen intellect with a talent for speaking.
그는 예리한 지성과 언변의 재능을 겸비했다.

lack

[læk]

명 부족, 결핍
동 결핍되다, 모자라다

◈ lacking 형 부족한

|관련어| • shortage(부족)　　• lack of ~(~의 부족)

☐ We are suffering from a **lack** of manpower.

우린 노동력 부족으로 어려움을 겪고 있다.

border

[bɔ́ːrdər]

명 국경, 경계
동 인접하다

◈ borderline 명형 경계선; 아슬아슬한
◈ borderless 형 국경이 없는

☐ They passed the **border** without passports.

그들은 여권 없이 국경을 통과했다.

caution

[kɔ́ːʃən]

명 주의, 경고
동 경고하다

◈ cautious 형 주의 깊은　　◈ cautiously 부 신중히

|관련어| • exercise[use] caution(주의하다)

☐ You should use **caution** in crossing a busy street.

차가 많은 길을 건널 때는 조심해야 한다.

economic

[ìːkənámik]

형 경제의, 경제학의

◈ economy 명 경제, 절약
◈ economics 명 경제학
◈ economize 동 절약하다
◈ economical 형 경제적인, 절약하는
◈ economically 부 경제적으로

☐ I had to quit studying abroad for **economic** reasons.

나는 경제적인 이유로 유학을 포기해야 했다.

operate

[ápərèit]

IIII

동 작동하다, 경영하다, 수술하다, 군사행동을 취하다

◆ operation 명 가동, 조작, 운영, 수술, 작전
◆ operational 형 조작상의, 활동 중인

☐ The factory stopped **operating** three years ago.

그 공장은 3년 전에 가동을 중단했다.

conduct

[kəndʌ́kt]

IIII

동 행하다, 경영하다, 지휘하다
명 [kándʌkt] 행위

◆ conductor 명 지휘자, 차장
|관련어| • carry out(행하다)　• misconduct(부정행위)

☐ He **conducted** his business affairs in a careless way.

그는 자기 업무를 부주의하게 처리했다.

honor

[ánər]

IIII

명 명예, 경의, 〈복수형으로〉 우등
동 명예를 주다, (약속 등을) 지키다

◆ honorable 형 명예로운, 고결한
◆ honorary 형 명예상의
|관련어| • in honor of ~(~을 기념하여)

☐ I'd like to propose a toast in **honor** of your birthday.

당신의 생일을 맞아 건배를 제안하고 싶다.

admit

[ædmít]

IIII

동 인정하다, 고백하다, 입장을 허락하다

◆ admission 명 입장[입학] 허가, 승인
◆ admittance 명 입장 [허가]
◆ admissible 형 적격의
◆ admittedly 부 명백히
|관련어| • admission fee(입장료)

☐ I **admit** that I hadn't even thought about it.

그건 생각조차 해보지 않았다는 걸 인정한다.

instrument

[ínstrəmənt]
▮▮▮

명 도구, 계기, 악기

◈ instrumental 형 도구가 되는, 도움이 되는
|관련어| • musical instrument(악기)

☐ We are only the **instruments** of our company.
우리는 회사의 도구에 지나지 않는다.

stair

[stɛər]
▮▮▮

명 〈복수형으로〉 계단

☐ There were two **stairs** in the house.
그 집에는 2개의 계단이 있었다.

lease

[liːs]
▮▮▮

명 임대차 계약, 리스
동 임대[임차]하다

◈ leasable 형 임대할 수 있는

☐ We signed a one-year **lease**.
우리는 1년 임대 계약서에 서명했다.

career

[kəríər]
▮▮▮

명 직업, 경력
형 전문의, 직업적인

|관련어| • career woman(일하는 여성)

☐ Kathy gave up her **career** to spend more time with her baby.
캐시는 아기와 많은 시간을 보내기 위해 일을 그만 두었다.

proposal

[prəpóuzəl]
▮▮▮

명 제안, 계획, 신청

◈ propose 동 제안하다, 청혼하다

☐ Have you heard his **proposal**?
그의 제안을 들어보셨어요?

contract

[kántrækt]

명 계약, 계약서

동 [kəntrækt] 계약하다, 수축하다, 병에 걸리다

◇ contractor 명 계약자　　◇ contraction 명 수축
◇ contractual 형 계약상의　◇ contracted 형 계약한, 수축한

Have you signed the **contract**?

계약서에 서명했습니까?

proceed

[prousíːd]

동 나아가다, 계속하다, (다음 작업을) 시작하다

◇ proceeds 명 수익금
◇ proceeding 명 행위, 법적 절차, 의사록

Passengers with boarding passes, please **proceed** to the boarding gate.

탑승권을 소지하고 계신 승객께서는 탑승구로 나와 주시기 바랍니다.

deliberately

[dilíbəritli]

형 고의로, 계획적으로, 신중하게

◇ deliberate 동형 숙고하다; 고의의(= intentional)
◇ deliberation 명 숙고
|관련어| • intentionally(고의로= on purpose)
　　　 • after long deliberation(장고 끝에)

He **deliberately** went late to the meeting.

그는 일부러 회의에 늦게 갔다.

organize

[ɔ́ːrgənàiz]

동 조직하다, 계획하다

◇ organization 명 조직, 구성, 단체
◇ organizer 명 주최자
◇ organized 형 조직된, 정리된
|관련어| • disorganize(조직을 파괴하다)

Can you **organize** a language learning trip for this summer?

올 여름 어학연수 여행을 계획해 주시겠어요?

view

[vjuː]

░░░░

동 바라보다, 고찰하다

명 견해

|관련어| • viewership(시청률)　　　• viewpoint(관점)
　　　　• opinion(의견)

☐ Let's **view** the matter from another angle.

다른 각도에서 그 문제를 생각해 봅시다.

forecast

[fɔ́ːrkæ̀st]

░░░░

동 예측하다, 예보하다

명 예측, 예보

|관련어| • predict(예측하다)
　　　　• expect(예상하다= anticipate)
　　　　• weather forecast(일기예보)

☐ I can't **forecast** the result.

나는 결과를 예측할 수 없다.

budget

[bʌ́dʒit]

░░░░

명 예산[안]　　동 예산을 세우다

형 (값이) 싼

◈ budgetary 형 예산상의

|관련어| • cheap(값이 싼= inexpensive, affordable, reasonable)

☐ We have to cut one million dollars from the **budget**.

우리는 예산에서 백만 달러를 삭감해야 한다.

impress

[imprés]

░░░░

동 인상을 주다, 감명을 주다

◈ impression 명 인상
◈ impressionable 형 감동하기 쉬운
◈ impressive 형 감동적인
◈ impressed 형 감명을 받은

☐ I was very **impressed** with what you said at the meeting.

회의에서 당신이 한 말에 아주 감동했습니다.

stable

[stéibl]

형 안정된, 고정된

◇ stabilize 동 안정시키다　　◇ stability 명 안정

|관련어| • steady(안정된)　　• unstable(불안정한)

☐ After several part-time jobs, he's now got a **stable** job in a government office.

서너 개의 시간제 직업을 전전한 후에 그는 이제 관공서에서 안정된 직업을 갖게 됐다.

fix

[fiks]

동 수리하다, 고정하다

◇ fixed 형 고정된

☐ I came to **fix** the telephone.

전화를 수리하러 왔습니다.

multiply

[mʌ́ltəplài]

동 증가하다, 곱하다

◇ multiplication 명 증가, 곱셈

◇ multiple 형 다양한, 다수의

☐ In warm weather, these germs **multiply** rapidly.

날씨가 따뜻하면 이 병원균들은 빠르게 증식한다.

piece

[piːs]

명 작품, 곡

He composed many **pieces** of music, but most of them are dull.
그는 많은 곡을 작곡했지만, 대부분이 신통치 않았다.

difficulty

[dífikʌlti]

명 어려움, 곤란

※ difficulty 앞에 in이 올 수도 있다.
◈ difficult 형 어려운
관련어 • have difficulty ~ing(~하는데 고생하다)

Financial **difficulty** hindered him from carrying out his plan.
자금난 때문에 그는 계획을 실행할 수 없었다.

agent

[éidʒənt]

명 대리인, (공공기관의) 직원

관련어 • agency(대리점)

Please see my **agent** for the details.
상세한 걸 알고 싶으시면 제 대리인을 만나보십시오

air

[ɛər]

동 방송하다
명 공기

관련어 • on the air(방송중인)   • by air(항공편으로)

The news was **aired** on TV.
그 뉴스는 TV로 방송되었다.

polite

[pəláit]

형 공손한, 예의 바른

◈ politeness 명 공손함   ◈ politely 부 공손하게
관련어 • impolite(버릇없는, 무례한)

He's always very **polite** to me.
그는 늘 내게 예의 바르다.

public
[pʌ́blik]
||||

형 공공의, 공립의, 공공연한
명 공중

◇publicity 명 광고   ◇publicize 동 공표하다
◇publicly 부 공공연하게, 공적으로

☐ My children are going to a local **public** school.
내 아이들은 지방 공립학교에 다니고 있다.

formal
[fɔ́ːrməl]
||||

형 정식의, 공식적인

◇form 명동 모양, 형식, 서식; 형성하다
◇formation 명 형식, 구조
◇formalize 동 형식화하다
◇formally 부 정식으로, 예의바르게
|관련어| • formal attire(정장)

☐ She looks quite different in **formal** attire.
그녀는 정장을 입으면 완전히 다른 사람 같다.

industrial
[indʌ́striəl]
||||

형 산업의, 공업의

◇industry 명 산업, 근면
◇industrialize 동 산업화하다
◇industrious 형 근면한
|관련어| • industry analysis(업계 분석)

☐ Korea is now considered a top **industrial** power.
지금 한국은 선진 공업국으로 여겨지고 있다.

right
[rait]
||||

부 바로, 공정하게
명 권리

|관련어| • right away(즉시)

☐ Let's start **right** after breakfast.
아침을 먹고 바로 시작합시다.

process

[práses]

명 과정, 공정, 진행
동 처리하다, 가공하다

◇ processed 형 가공 처리한

☐ We're in the **process** of building a new house.

우리는 새 집을 건축 중이다.

park

[pɑːrk]

동 주차하다
명 공원, 유원지

◇ parking 명 주차
|관련어| • parking lot(주차장)

☐ Can I **park** here?

이곳에 주차해도 됩니까?

past

[pæst]

형 최근의, 과거의, 전임의
명 과거
전 지나서

|관련어| • last(최근의)

☐ I have been thinking about you so much during the **past** few days.

나는 최근 며칠 동안 당신에 대해 아주 많이 생각해봤다.

relation

[riléiʃən]

명 관계, 관련, 혈족관계

◇ relate 동 관련시키다, 말하다
◇ related 형 관계가 있는, 친족의
|관련어| • relationship(관계)
　　　　• unrelated(관계가 없는)
　　　　• correlation(상호관계)
　　　　• related to ~(~와 관계가 있는)
　　　　• relating to ~(~에 관하여)

☐ Is there any **relation** between these two issues?

이 두 문제 사이에 어떤 관련이 있습니까?

audience

[ɔ́ːdiəns]

|명| 청중, 관객

※ 복수형으로 집단을 나타낸다.

|관련어| • spectator(〈운동경기의〉관중)
• viewer(〈텔레비전 등의〉시청자)
• listener(〈음악회 등의〉청중)

☐ Most of the **audience** left the theater at once.
대부분의 관객들은 곧 극장을 나갔다.

link

[liŋk]

|명| 연결, 관계, 관련성, 연결하는 것
|동| 연결하다

◈ linkage **|명|** 결합, 연계

|관련어| • tie(연결)   • connect(연결하다)

☐ He has concluded there is a positive **link** between a large board
and his performance.
그는 규모가 큰 이사회와 그의 실적 사이에는 확실한 연관이 있는 것으로 결론짓고 있다.

broad

[brɔːd]

|형| 광범위한, 관대한, 대강의

◈ broaden **|동|** 넓히다(= widen, expand)
◈ broadly **|부|** 널리, 대체로

☐ Tom gave me a **broad** outline of the plan.
톰은 나에게 그 계획의 대강의 개요를 보여주었다.

search

[səːrtʃ]

|명| 조사, 탐색
|동| 찾다, 조사하다

◈ searching **|형|** 수색하는

|관련어| • look for(찾다 = seek)

☐ The police made a systematic **search** for the missing child.
경찰은 실종된 아이를 찾기 위해 조직적인 수색 작업을 벌였다.

tax

[tæks]
||||

명 세금
동 과세하다, 무거운 부담을 지우다

◈ taxable 형 과세할 수 있는
◈ taxation 명 과세, 징세

☐ I have my local **tax** deducted from my salary.
　지방세는 봉급에서 공제되고 있다.

manage

[mǽnidʒ]
|||||

동 (이럭저럭) ~하다, 다루다, 관리하다

◈ management 명 경영, 관리, 조작
◈ manageable 형 처리할 수 있는, 유순한

☐ We **managed** to get through many difficulties.
　우리는 가까스로 많은 어려움들을 해결했다.

interest

[íntərist]
|||||

명 흥미, 관심[사], 이익, 이자
동 흥미를 갖게 하다

◈ interested 형 흥미 있는, 관심이 있는
◈ interesting 형 흥미 있는, 관심을 끄는
|관련에| • interest rate(이자율)

☐ You can live on the **interest**.
　당신은 이자로 생활할 수 있다.

sweep

[swi:p]
|||||

동 청소하다
명 청소, 대승

◈ sweeping 형 일소하는, 전면적인
|관련에| • wipe(훔치다)
　　　 • mop(대걸레로 닦다)
　　　 • clean(청소하다)

☐ Will you **sweep** the floor?
　바닥을 쓸어 주시겠어요?

ahead

[əhéd]

부 앞쪽에

관련어 • ahead of ~(~보다 앞에, ~보다 앞서서)
       • go ahead(먼저 하세요)

☐ With the help of temporary workers, the job got done three days **ahead** of schedule.
   임시 직원들의 도움을 받아 그 일은 일정보다 사흘 앞서 끝났다.

boost

[buːst]

동 증가시키다

관련어 • boost consumption(소비를 증가시키다)
       • boost sales(매출을 신장하다)

☐ The merger of the two banks will **boost** stock prices.
   두 은행의 합병으로 주가가 상승할 것이다.

client

[kláiənt]

명 고객

관련어 • clientele(단골손님)

☐ The man who called yesterday is my **client**.
   어제 전화한 남자가 내 고객이다.

monthly

[mʌ́nθli]

명 형 매월[의]

관련어 • daily(매일; 매일의)   • weekly(매주; 매주의)
       • yearly(매년; 매년의)   • annually(매년의)

☐ Most of the people are paid **monthly**.
   대부분의 사람들은 매달 급여를 받는다.

encryption

[enkrípʃən]

명 암호화

관련어 • data encryption(데이터 암호화)

☐ Thanks to the **encryption** system, we can protect our important data.
   그 암호화 시스템 덕분에 우리는 귀중한 데이터를 보호할 수 있다.

emergency

[imə́:rdʒənsi]
▮▮▮▮

명 긴급

|관련어| • emergency room(ER 응급처치실)
  • the state of emergency(비상사태)

☐ Call this number in case of **emergency**.

긴급 시에는 이 번호로 전화 하세요

destination

[dèstənéiʃən]
▮▮▮▮

명 목적지

|관련어| • final destination(최종 목적지)

☐ The ship hasn't arrived at its **destination** yet.

그 배는 아직 목적지에 도착하지 않았다.

example

[igzǽmpəl]
▮▮▮▮

명 예

|관련어| • for example(예를 들면)

☐ For **example**, do not touch any metal object.

예를 들면, 금속성 물건을 만져선 안 된다.

phase

[feiz]
▮▮▮▮

명 단계

|관련어| • in phases(단계적으로)

☐ The project entered a new **phase**.

그 프로젝트는 새로운 단계에 진입했다.

vessel

[vésəl]
▮▮▮▮

명 배, 혈관, 용기

|관련어| • ship(배)
  • boat(보트)
  • cruiser(순양선)
  • yacht(요트)

☐ The cargo **vessel** runs between Korea and China.

그 화물선은 한국과 중국을 운항하고 있다.

excited

[iksáitid]
||||

[형] 흥분한, 활발한

※ 사람의 기분은 -ed, 사람의 기분에 영향을 미치는 작용은 -ing.
◇ excite **[동]** 흥분시키다, 자극하다
◇ excitement **[명]** 흥분, 자극
◇ exciting **[형]** 흥분시키는

☐ I'm really **excited** about our upcoming trip.
나는 이번 여행에 정말 흥분된다.

repair

[ripέər]
||||

[동] 고치다, 회복하다
[명] 수리, 회복

|관련어| • repairman(수리공)
• fix(〈기계 등을〉 고치다)
• under repair(수리중)

☐ Is it possible to **repair** the TV?
텔레비전을 고치는 게 가능합니까?

revolution

[rèvəlúːʃən]
||||

[명] 혁명, 회전

◇ revolutionize **[동]** 혁명을 일으키다
◇ revolutionary **[형][명]** 혁명적인; 혁명가

☐ A digital **revolution** changed the way goods were made.
디지털 혁명으로 상품을 만드는 방식이 바뀌었다.

excellent

[éksələnt]
||||

[형] 우수한, 훌륭한

◇ excellence **[명]** 우수함
◇ excel **[동]** 빼어나다, 능가하다
◇ excellently **[부]** 뛰어나게
|관련어| • great(훌륭한= wonderful, superb)

☐ She's an **excellent** secretary.
그녀는 뛰어난 비서다.

discipline

[dísəplin]

명 규율, 훈육, 징벌
동 훈육하다, 징계하다

◈ disciplinary 형 징계의

☐ His grandfather raised him with **discipline**.
그의 할아버지는 그를 엄하게 길렀다.

nicely

[náisli]

부 잘, 훌륭히

◈ nice 형 좋은

☐ The building project is progressing **nicely**.
그 건설 계획은 잘 진행되고 있다.

overlook

[òuvərlúk]

동 간과하다, 훑어보다, 내려다보다

☐ We **overlooked** the last two items of the order.
우리는 마지막 주문 두 품목을 놓쳤다.

shake

[ʃeik]

동 진동하다, 흔들다, 동요하다
명 진동, 동요

◈ shaky 형 흔들리는, 불안정한
관련어 • shake hands(악수하다)

☐ I feel the building **shaking**.
건물이 흔들리는 것을 느낀다.

superb

[supə́:rb]

형 아주 훌륭한

☐ The museum has a **superb** collection of twentieth-century art.
그 박물관은 뛰어난 20세기 미술품들을 소장하고 있다.

나·오·는·단·어·만·외·운·대!

NEW TOEIC *VOCABULARY 1100*

Week 2

Day 6 · Day 7 · Day 8 · Day 9 · Day 10

passenger

[pǽsəndʒər]

|관련어| · passerby(통행인)

명 승객

☐ All **passengers** are required to show their passport.
승객들은 모두 여권을 보여줄 의무가 있다.

range

[reindʒ]

명 범위, 구역
동 미치다, 분포하다

※ 종류가 많은 것을 나타내는 표현으로 a wide variety[choice, selection, array] of ~가 있다.

☐ There's a wide **range** to choose from.
선택의 범위는 넓다.

increase

[inkríːs]

동 늘리다, 증가하다
명 증가

◇ increasing 형 점점 느는 ◇ increasingly 부 점점 더

☐ I have to think of a way to **increase** my income.
수입을 늘리는 방법을 생각해야 한다.

instruction

[instrʌ́kʃ∂n]

명 교수, 교육, 〈복수형으로〉 사용설명서

◇ instruct 동 교육하다, 지시하다
◇ instructional 형 교육 상의
◇ instructive 형 교육적인, 유익한
◇ instructor 명 강사
|관련어| • follow instruction(지시를 따르다)

☐ Billy received **instruction** in driving.
빌리는 자동차 운전 교습을 받았다.

minimum

[mínəməm]

형 최소한의, 최저한의

◇ minimize 동 최소로 하다

☐ What's the **minimum** amount to open an account?
계좌를 개설하기 위한 최소 예금은 얼마입니까?

reason

[ríːz∂n]

명 이유, 구실, 핑계
동 논하다, 설득하다

◇ reasoning 명 추론, 논법
◇ reasonable 형 도리에 맞는, 저렴한
◇ reasoned 형 이치에 맞는
◇ reasonably 부 합리적으로, 분별 있게
|관련어| • unreasonable(이치에 맞지 않는, 부당한)

☐ I don't like it for some **reason**.
나는 몇 가지 이유 때문에 그걸 좋아하지 않는다.

standard

[stǽndərd]

명 표준, 규범   형 표준의

◇ standardize 동 표준화하다
◇ standardization 명 표준화

☐ The **standard** of living is very high in Denmark.
덴마크의 생활수준은 매우 높다.

sight
[sait]
▮▮▮▮

명 광경

|관련어| • sightseeing(관광)
• out of sight(보이지 않는 곳에)

☐ He was enraged at the **sight** of the damaged car.
그는 차가 부서진 광경을 보고는 몹시 화를 냈다.

save
[seiv]
▮▮▮▮

동 절약하다, 저축하다, 구조하다

◇ savings 명 보통예금

☐ We must **save** our energy to survive.
우리는 살아남기 위해 에너지를 절약해야 한다.

copy
[kápi]
▮▮▮▮

명 한 권, 광고문

☐ Will you get me a **copy** of Newsweek?
'뉴스위크' 1부를 사다 줄래요?

scale
[skeil]
▮▮▮

명 자, 규모
동 재다

☐ The engineer checked the length of the pipe with a **scale**.
그 기술자는 자로 그 파이프의 길이를 점검했다.

personal
[pərsóunəl]
▮▮▮▮

형 개인적인, (특정) 개인을 위한

◇ person 명 사람　　　◇ personality 명 개성, 성격
◇ personalize 동 이름을 기입하다, 개인화하다
◇ personally 부 몸소, 개인적으로
|관련어| • personal effects(소지품)

☐ He packed his **personal** belongings in a bag.
그는 소지품을 가방에 꾸렸다.

provide

[prəváid]

동 제공[공급]하다, 규정하다, 부양하다

※ 'provide+사람+with+사물'과 'provide+사물+for+사람'의 형식으로 쓰인다.

◈ provision 명 제공, 공급, 규정; 〈복수형으로〉 식량
◈ provided 접 〈조건문에서〉 만일 ~라면
◈ providing 접 〈조건문에서〉 만일 ~라면

☐ The university **provides** financial aid for students.
그 대학은 학생들에게 재정적인 도움을 제공하고 있다.

device

[diváis]

명 장치

☐ The **device** enabled him to climb the tree easily.
그 장치로 그는 그 나무에 쉽게 오를 수 있었다.

regulation

[règjəléiʃən]

명 규칙, 규제

◈ regulate 동 규제하다, 통제하다

☐ The **regulation** does not allow you to carry any type of knife.
규칙은 어떤 종류의 칼도 소지하지 않는 것으로 되어 있다.

mild

[maild]

형 온화한, 관대한, 순한

◈ mildly 부 온화하게, 약간(= slightly)

☐ We had a **mild** winter this year.
올해는 따뜻한 겨울이었다.

source

[sɔːrs]

명 원천, 근원

☐ I need another **source** of income.
나는 다른 수입원이 필요하다.

extreme

[ikstríːm]

▪▪▪▪

형 극심한, 극한의

◈ extremely 부 매우

☐ The tire is designed to bear **extreme** heat.
그 타이어는 극한의 고온에도 견디도록 설계된다.

essential

[isénʃəl]

▪▪▪▪

형 필수적인, 근본적인
명 〈복수형으로〉 필수 불가결한 것

◈ essence 명 본질　　　◈ essentially 부 본질적으로

☐ He's **essential** to our plan.
우리 계획에는 그가 절대 필요하다.

ban

[bæn]

▪▪▪▪

명 금지　　동 금지하다

※ 명사로 쓰일 때는 뒤에 전치사 on이 온다.

☐ The government placed a **ban** on its export.
정부는 그것의 수출을 금지했다.

benefit

[bénəfit]

▪▪▪▪

명 이익, 수당, 자선 행사
동 ~에게 도움이 되다, 이익을 얻다

◈ beneficial 형 유익한, 수익이 나는
|관련어| • beneficiary(수령인, 수급자)

☐ All full-time employees receive **benefits**.
모든 상근 종업원들은 수당을 받고 있다.

contribute

[kəntríbjut]

▪▪▪▪

동 기부[공헌]하다, 기고하다

※ to와 함께 쓰일 때가 많다.
◈ contribution 명 기부, 공헌, 기고

☐ Have you **contributed** to the flood relief fund?
홍수 구호기금에 기부한 적이 있습니까?

express

[iksprés]

▮▮▮▮

동 표현하다
명 급행열차, 속달편
형 급행의, 명백한

◈ expression 명 표현
◈ expressive 형 표현력이 풍부한

☐ You must **express** yourself clearly.
자기 생각을 분명히 표시해야 한다.

suddenly

[sʌ́dnli]

▮▮▮▮

부 갑자기, 급히

◈ sudden 형 불시의, 갑작스런

☐ It **suddenly** started to rain.
갑자기 비가 내리기 시작했다.

draw

[drɔ:]

▮▮▮▮

동 선을 긋다, 그리다, 당기다

관련어 • draw up(작성하다, 입안하다)

☐ They asked their lawyers to **draw** up the contract.
그들은 변호사에게 계약서를 작성해 달라고 요청했다.

proof

[pru:f]

▮▮▮▮

명 증거, 증명

◈ prove 동 증명하다
관련어 • proof of purchase(구매 필증)

☐ What they need is a documentary **proof**.
그들에게 필요한 것은 문서상의 증거다.

term

[tə:rm]

▮▮▮▮

명 용어, 기간, 〈복수형으로〉 조건

☐ I looked up the special **term** in a dictionary.
나는 그 전문 용어를 사전에서 찾았다.

round
[raund]
||||

圆 회, 한 기간, 단계　　圆 둥근
圆 ~을 일주하여, ~을 돌아서

☐ We were defeated in the first **round** of the tournament.
우리는 토너먼트 첫 경기에서 참패했다.

institution
[ìnstət/úːʃən]
||||

圆 시설, 기관

◇ institute 圆圆 설립하다; 기관
◇ institutional 圆 제도상의

☐ The government decided to build a public **institution** at the site.
정부는 그 장소에 공공시설을 건설하기로 결정했다.

celebrate
[sélɜbrèit]
||||

圆 축하하다, 기념하다

◇ celebration 圆 축하　　◇ celebrity 圆 유명인
◇ celebrated 圆 유명한

☐ Let's **celebrate** your passing the exam.
당신의 시험 합격을 축하합시다.

prop
[prop]
||||

圆 받치다, 기대다
圆 버팀목, 지지자

|관련어| • **propped up against**(기대어 세워진는 leaning against)

☐ The ladder is **propped** up against the tree.
사다리는 나무에 기대어 세워져 있다.

describe
[diskráib]
||||

圆 묘사[설명, 기술]하다

◇ description 圆 묘사, 설명, 기술
◇ descriptive 圆 묘사적인, 기술적인

☐ Would you **describe** your bag?
당신 가방에 대해 설명해 주시겠어요?

post

[poust]

IIII

명 지위, 기둥, 우편
동 게시하다, 전근시키다

◇ postal 형 우편의
관련어 • postage(우편요금)　　　• postage stamp(우표)
　　　　　• postmark(소인)

☐ He accepted the **post** of English teacher at a middle school.

그는 중학교 영어교사 자리를 받아들였다.

technique

[tekníːk]

IIII

명 기술, 기량, 수법

◇ technician 명 기술자
◇ technical 형 기술상의, 전문적인
◇ technically 부 기술적으로, 엄밀히 말하면

☐ If you're looking for a new job, you'd better brush up your interview **technique**.

새 직장을 찾고 있다면 면접 기술부터 다시 공부하는 게 좋을 것이다.

basic

[béisik]

IIII

형 기초의, 기본적인, 근본적인
명 〈복수형으로〉 기초, 근본

◇ basically 부 근본적으로

☐ I'll explain the **basic** concepts of information technology.

나는 정보기술의 기본 개념을 설명할 것이다.

major

[méidʒər]

IIII

형 중대한, 중요한
명 전공과목
동 전공하다

◇ majority 명 대다수
관련어 • minor(중요하지 않은)　　　• minority(소수)

☐ They indicated that price is a **major** concern.

그들의 중대 관심사는 가격인 것 같았다.

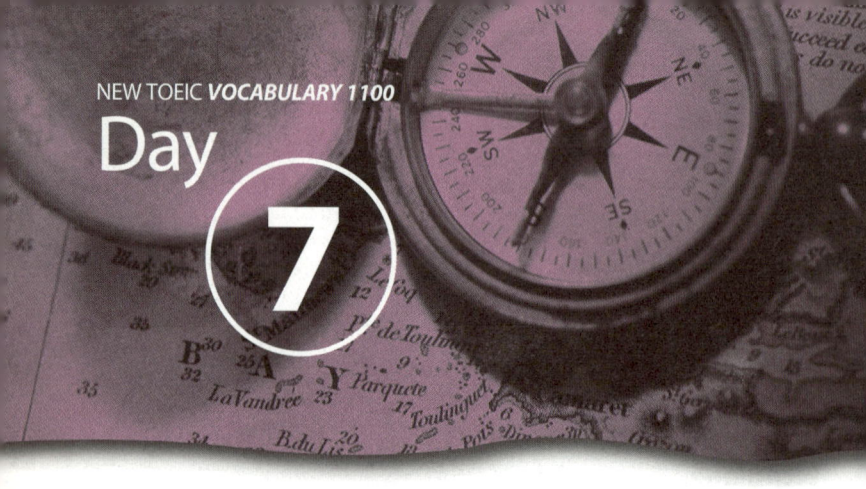

Day

7

---

climb

[klaim]
▮▮▮▮

[동] 오르다, 기어오르다, 승진하다
[명] 오름, 상승, 승진

◇ climbing [명] 등산　　◇ climber [명] 등산가

☐ Be careful **climbing** up the ladder.
사다리를 오를 때는 조심하세요.

---

basis

[béisis]
▮▮▮▮

[명] 기초, 기준, 근거

|관련어| • basics(기초, 기본)　　　• base(기초)
　　　　• on a daily basis(일상적으로)

☐ What is the **basis** of your accusation?
당신의 비난의 근거는 무엇입니까?

---

precise

[prisáis]
▮▮▮▮

[형] 정확한, 꼼꼼한

◇ precisely [부] 정확하게(= exactly, sharp)
◇ precision [명] 정확, 정밀함

☐ Do you know the **precise** location of the building?
그 건물의 정확한 위치를 알고 있습니까?

stress

[stres]

동 강조하다, 긴장시키다
명 강조, 스트레스

◇ stressful 형 긴장이 많은
|관련어| · emphasize(강조하다)

☐ The author **stressed** the importance of the environment.

그 저자는 자연환경의 중요성을 강조했다.

welcome

[wélkəm]

명동 환영[하다]
형 환영받는, 반가운

|관련어| · Welcome to ~(~에 오신 걸 환영합니다)

☐ He **welcomed** me with a warm handshake.

그는 나를 따뜻한 악수로 환영했다.

represent

[rèprizént]

동 대표하다, 나타내다, 설명하다

◇ representation 명 대표, 표현, 설명
◇ representative 명형 대표자, 대리인; 대표적인, 대리의
|관련어| · sales representative(영업 담당자, 판매원)

☐ He **represented** his company at the conference.

그는 자기 회사를 대표해서 회의에 참석했다.

instant

[ínstənt]

형 즉석의, 긴급의
명 순간, 찰나

◇ instance 명 사례
◇ instantaneous 형 순간적인, 즉석의
◇ instantly 부 즉석에서
|관련어| · immediate(즉시의)
· for instance(예를 들면= for example)

☐ You shouldn't expect **instant** success.

즉각적인 성공을 기대해선 안 된다.

share

[ʃɛər]

▮▮▮▮

동 나누다, 분배하다, 공유하다
명 배당, 주식

☐ We should **share** the profits equally among us.
우리는 이익을 평등하게 나눠야 한다.

fit

[fit]

▮▮▮▮

동 적합하다, 꼭 맞다　　명 적합
형 적당한, 어울리는, 건강한

◈ fitness 명 적합, 건강

☐ Do those shoes **fit** you?
구두가 발에 맞습니까?

enter

[éntər]

▮▮▮▮

동 입력하다, 들어가다, 참가하다

◈ entrance 명 입장, 입학, 입구
◈ entry 명 입장, 참가, 기입

☐ **Enter** your password to activate your account.
어카운트를 실행시키기 위해 패스워드를 입력해 주세요.

categorize

[kǽtigəràiz]

▮▮▮▮

동 범주에 넣다, 분류하다

◈ category 명 범주, 카테고리

☐ I **categorized** the questions into three groups.
나는 그 문제를 3개의 그룹으로 분류했다.

pack

[pæk]

▮▮▮▮

동 싸다, 꾸리다, 채워 넣다
명 꾸러미, 한 상자, 무리

◈ package 명동 하물, 소포, 일괄 계약; 포장하다, 일괄하다
|관련어| • unpack(〈포장 등을〉 풀다)

☐ He is **packing** his bags for the trip.
그는 여행에 쓸 가방을 꾸리는 중이다.

satisfy

[sǽtisfài]

||||

동 만족시키다, 납득시키다, 조건을 채우다

※ 뒤에는 전치사 with가 온다.
◈ satisfaction 명 만족, 납득
◈ satisfied 형 만족한
◈ satisfactory 형 만족한, 납득이 가는(= satisfying)
◈ satisfactorily 부 만족하게
|관련어| • dissatisfy(불만을 품게 하다) • dissatisfaction(불만)

☐ I'm **satisfied** with my position.

나는 내 지위에 만족한다.

conclude

[kənklúːd]

||||

동 결론을 내리다, 종결하다

◈ conclusion 명 결론
◈ conclusive 형 결정적인
|관련어| • conclusive evident(결정적 증거)
       • reach a conclusion(결론에 이르다)

☐ They **concluded** that the paper was not original.

그들은 그 서류가 원본이 아니라고 결론지었다.

visitor

[vízitər]

||||

명 관광객, 내방객

◈ visit 동 방문하다
|관련어| • tourist(관광객)

☐ It is one of the most popular areas in Korea for **visitors**.

그곳은 한국에서 관광객들에게 가장 유명한 명소 중 하나이다.

bill

[bil]

||||

명 계산서, 청구서[액], 증서, 지폐, 법안
동 청구하다, 청구서를 보내다

◈ invoice 동 청구서

☐ We've received a **bill** for twenty-eight dollars.

우리는 28달러의 청구서를 받았다.

introduce

[ìntrədjúːs]

동 소개하다, 도입하다

◇ introduction 명 소개, 도입
◇ introductory 형 소개하는, 입문의

I'll **introduce** you to our research method.
새로운 조사방법을 소개하겠습니다.

beyond

[bijánd]

전 ~을 넘어서, ~너머에

|관련어| • beyond control(통제 불가능한)
• beyond description(말로 표현할 수 없는)
• beyond repair(수리할 수 없는)
• beyond belief(믿을 수 없는)

The situation is now **beyond** control.
상황은 이제 통제가 불가능하다.

sharp

[ʃɑːrp]

부 제시간에, 날카롭게, 격렬하게
형 예리한, 엄격한

◇ sharpen 동 예리하게 하다, 깎다
◇ sharply 부 날카롭게, 급히, 격렬하게
|관련어| • exactly(정확하= precisely)

I want you to have the taxi here at 9 o'clock **sharp**.
9시 정각에 택시를 여기로 보내 주세요.

credit

[krédit]

동 (공적이 있다고) 인정하다
명 신용, 성적, 이수 단위

|관련어| • attribute(~의 덕분으로 돌리다)

Scientists **credit** the discovery of the laws of gravity to Sir Isaac Newton.
과학자들은 아이작 뉴턴 경을 중력의 법칙을 발견한 사람으로 인정하고 있다.

tie

[tai]

명 연분, 넥타이, 매듭
동 묶다, 매다

|관련어| • link(유대, 고리; 연결하다)

☐ There's a strong **tie** between our company and local business.

우리 회사와 지방 기업에는 강한 유대감이 있다.

annual

[ǽnjuəl]

형 일 년의, 해마다의
명 연감

◈ annually 부 매년

|관련어| • annuity(연금)

• annual meeting(연례 총회)

• yearly(매년의)

☐ His **annual** income must be over 20 million dollars.

그의 연 수입은 분명 2천 만 달러를 넘는다.

debate

[dibéit]

명 토론, 논쟁
동 토의[토론]하다

◈ debatable 형 논란의 여지가 있는

|관련어| • argument(논의)

• discussion(토론)

☐ There has been much **debate** about the policy.

그 정책에 관해 많은 토론이 있었다.

visual

[víʒuəl]

형 시각적인, 눈에 보이는

◈ visualize 동 상상하다, 시각화하다

◈ visualization 명 시각화

◈ visually 부 시각적으로

|관련어| • visible(눈에 보이는, 명백한)

☐ **Visual** aids are very helpful in teaching.

시각 보조물들은 가르치는데 아주 도움이 된다.

surprising
[sərpráiziŋ]
▮▮▮▮

형 놀라운, 의외의

◇ surprise 동명 깜짝 놀라게 하다, 기습하다; 놀람, 기습
◇ surprised 형 놀란
◇ surprisingly 부 놀랄 만큼, 의외로

☐ It's not **surprising** that they're getting a divorce.
그들이 이혼하기로 했다는 것은 놀랄 일이 아니다.

concentrate
[kánsəntrèit]
▮▮▮▮

동 집중하다, 농축하다

※ 뒤에는 전치사 on이 온다.
◇ concentration 명 집중
◇ concentrated 형 집중적인, 농축된

☐ She couldn't **concentrate** on her work.
그녀는 자신의 일에 집중할 수 없었다.

level
[lévəl]
▮▮▮▮

명 수준, 높이, 층, 지위
동 평평하게 하다
형 평평한

|관련어| • level off(안정되다)

☐ We have attained high **levels** of customer satisfaction.
우리는 높은 수준의 고객만족도를 달성했다.

president
[prézidənt]
▮▮▮▮

명 사장, 대통령, 학장

◇ presidential 명형 대통령 선거[의]
◇ presidency 명 대통령직
◇ preside 동 의장이 되다, 통솔하다
|관련어| • vice-president(부통령, 부사장, 부학장)

☐ She became **president** of the company after three years.
그녀는 3년 후에 그 회사의 사장이 되었다.

miss

[mis]
▯▯▯▯

동 놓치다, 그리워하다

◇ missing 형 없어진, 행방불명의

☐ Hurry up, otherwise you'll **miss** your train.
서두르세요, 그러지 않으면 열차를 놓칩니다.

press

[pres]
▯▯▯▯

명 보도기관
동 누르다, 다림질하다

◇ pressure 명 압력
|관련어| • press conference(기자 회견)

☐ News agencies supply the **press** with news.
통신사들은 보도기관에 뉴스를 제공한다.

visible

[vízəbəl]
▯▯▯▯

형 보이는, 눈에 띄는

◇ vision 명 시각, 시력
◇ visibly 부 눈에 띄게, 명백히

☐ The castle is **visible** for miles around.
그 성은 주변 몇 마일 부근에서 다 보인다.

replace

[ripléis]
▯▯▯▯

동 대신하다, 대체하다, 제자리에 놓다

◇ replacement 명 대체, 대체물, 후임

☐ The big question is who will **replace** him.
중요한 문제는 누가 그의 후임이 되는가이다.

candidate

[kǽndədèit]
▯▯▯▯

명 후보자, 지원자

◇ candidacy 명 입후보, 후보 자격

☐ There were three **candidates** for the position.
그 직에는 3명의 지원자가 있었다.

capable

[kéipəbəl]

형 유능한, 능력[자격] 있는

※ 주로 be capable ~형태로 쓰인다.
◇ capability 명 능력
|관련어| • incapable(능력이 없는)

☐ Is she **capable** of taking over his job?
그녀가 그의 일을 맡을 능력이 있습니까?

workforce

[wə́:rkfɔ̀:rs]

명 종업원, 노동 인구

|관련어| labor force(노동 인구)

☐ The firm defended its decision to reduce its **workforce**.
그 회사는 종업원 감원에 대한 결정의 정당성을 주장했다.

crowd

[kraud]

명 군중, 다수
동 모여들다, 붐비다

◇ crowded 형 붐비는, 꽉 찬

☐ There was a large **crowd** at the exhibition.
전시회에는 많은 사람들로 북적댔다.

compete
[kəmpíːt]

동 경쟁하다, 다투다

◇ competition 명 경쟁, 대회
◇ competitor 명 경쟁 상대
◇ competitive 형 경쟁력 있는, 경쟁이 심한

☐ The brother **competed** with each other for the prize.
그 형제는 상을 목표로 서로 경쟁했다.

firm
[fəːrm]

명 회사
형 단단한, 확고한

◇ firmly 형 견고하게
|관련어| • law firm(법률 회사)

☐ I want to get a job at the law **firm** you worked for.
나는 당신이 근무했던 법률 회사에 취직하고 싶다.

paragraph
[pǽrəgræf]

명 단락   동 단락을 짓다

|관련어| • sentence(문장)   • line(행)

☐ The final **paragraph** of the report referred to you.
보고서의 마지막 단락에 당신에 관한 언급이 있다.

unit
[júːnit]

명 개체, 단위

☐ They ordered another 20 **units** to meet the demand.
그들은 수요에 맞추기 위해 20개를 더 주문했다.

run
[rʌn]

동 경영하다, 달리다

☐ My sister **runs** an accounting office in New York.
내 여동생은 뉴욕에서 회계사무소를 경영하고 있다.

conversation

[kὰnvərséiʃən]

▮▮▮▮

명 회화, 담화

◆ converse 동 이야기하다

|관련어| • chat(잡담)

☐ The main topic of **conversation** was her new job.
대화의 주된 화제는 그녀의 새 일이었다.

probably

[prάbəbli]

▮▮▮▮

부 아마, 대개는

◆ probability 명 있음직한 일, 확률(= likelihood)
◆ probable 형 있음직한, 유망한

※ absolutely〉certainly, surely〉probably, likely〉perhaps, maybe, possibly의 순서로 확실성이 약하다.

☐ We'll **probably** need more money.
아마 돈이 더 들 것이다.

huge

[hjuːdʒ]

▮▮▮▮

형 엄청난, 대단한, 거대한

◆ hugely 부 엄청나게(= very, extremely, highly)

|관련어| • enormous(엄청난, 거대한)

☐ Cosmetics is a billion dollar industry; the profits are **huge**.
화장품은 10억불 규모의 산업으로 그 이윤은 어마어마하다.

reply

[riplái]

▮▮▮▮

동 대답하다   명 대답

☐ Please **reply** to this e-mail as soon as possible.
가능한 한 빨리 이 메일에 답장해 주세요.

plus

[plʌs]

▮▮▮▮

전 ~을 더하여   형 플러스의
명 여분, 이익

☐ The car costs ten thousand dollars **plus** tax.
그 차는 만 달러에 세금을 포함한 가격이다.

instead

[instéd]

⬛⬛⬛⬛

부 그 대신에, 그보다도

|관련어| • instead of ~(~대신에)

☐ I chose white **instead** of red.
나는 빨간색 대신 흰색을 골랐다.

substitute

[sʌ́bstitjùːt]

⬛⬛⬛⬛

동 대신하다, 대용하다
명 대리인, 대용품

◈ substitution 명 대용, 대체

☐ We need someone to **substitute** for Paul by next Monday.
다음 월요일까지 폴을 대신할 사람이 필요하다.

foreign

[fɔ́(ː)rin]

⬛⬛⬛⬛

형 외국의, 대외의

|관련어| • foreigner(외국인)   • foreign currency(외화)

☐ The number of **foreign** visitors increased last year.
작년에 외국인 관광객의 수가 증가했다.

correspond

[kɔ̀ːrəspánd]

⬛⬛⬛⬛

동 상당하다, 대응하다, 연락하다

◈ correspondence 명 일치, 통신
◈ correspondent 명형 특파원; 일치한

☐ This bar in the graph **corresponds** to the sales of our branch.
그래프의 이 봉은 우리 지점의 매출을 가리킨다.

hospitality

[hàspitǽləti]

⬛⬛⬛⬛

명 환대, 대접

◈ hospitable 형 환대하는, 쾌적한
|관련어| • hospitality industry(접객서비스업)

☐ I can't tell you how much I appreciate your **hospitality**.
당신의 환대에 어떻게 감사해야 할 지 모르겠어요.

implement

[ímpləmənt]

▋▋▋▋

동 실행하다　명 도구

◇ implementation 명 실시
◇ implementable 형 이행할 수 있는
|관련어| • carry out(행하다)

☐ The company **implemented** the new sales plan.
그 회사는 새로운 판매 계획을 실행했다.

nominate

[námənèit]

▋▋▋▋

동 추천하다, 지명하다, 임명하다

◇ nomination 명 추천, 임명
◇ nominee 명 피지명자

☐ She has been **nominated** as the delegation's official interpreter.
그녀는 그 대표단의 공식적인 통역자로 추천되었다.

civilization

[sìvəlizéiʃən]

▋▋▋▋

명 문명

◇ civilize 동 문명화하다

☐ Four distinct **civilizations** developed around the world.
네 개의 두드러진 문명이 지구상에서 발전했다.

envelope

[énvəlòup]

▋▋▋▋

명 봉투

◇ envelop 동 봉하다, 싸다

☐ We need more **envelopes** in which to put these materials.
이 자료들을 넣을 봉투가 더 필요하다.

achievement

[ətʃíːvmənt]

▋▋▋▋

명 업적

◇ achieve 동 달성하다

☐ He attached the list of his **achievements** to his résumé.
그는 자신의 이력서에 업적 목록을 첨부했다.

return

[ritə́:rn]
||||

동 돌려주다, 되돌아오[가]다
명 돌아옴, 반환

◇ returnable 형 반환할 수 있는

☐ I **returned** the item and got a full refund.
나는 상품을 반환하고 전액 환불받았다.

incentive

[inséntiv]
||||

명 자극, 동기, 상여금
형 자극적인

|관련어| · incentive pay[bonus](특별 수당)

☐ Every sales rep has an **incentive** to work hard to get a raise.
모든 판매원에게 봉급인상은 열심히 일하려는 동기를 부여한다.

markedly

[máːrkidli]
||||

부 현저히

◇ mark 동명 표를 붙이다, 채점하다, 기념하다; 표, 자국, 목표
◇ marked 형 현저한(= noticeable)

☐ In June, both production and shipments grew, while growth in inventories slowed **markedly**.
6월 들어 재고 증가가 현저히 줄어든 반면 생산과 선적은 증가했다.

away

[əwéi]
||||

부 부재중, 떨어져

|관련어| · right away(곧)

☐ I'm afraid she is **away** from her desk right now.
죄송하지만 그녀는 지금 자리에 없습니다.

remote

[rimóut]
||||

형 멀리 떨어진, 외딴, 희박한

◇ remotely 부 멀리 떨어져서

☐ The chance of his winning is **remote**.
그가 우승할 가능성은 아주 적다.

contemporary
[kəntémpərèri]
▥▥▥▥

형 현대적인, 동시대의
명 〈복수형으로〉 동시대 사람

관련어 • modern(현대의)

☐ Most houses are small and of a **contemporary** design.
대부분의 집들이 조그마하고 현대적인 설계로 되어 있다.

uniform
[jú:nəfɔ̀:rm]
▥▥▥▥

명 제복   형 동일한
동 균일화하다, 제복을 입히다

관련어 • clothes(의복)   • clothing(의류)
       • dress(드레스, 원피스, 정장) • wear(의류)
       • gear(의복)   • costume(의복)

☐ Soldiers, policemen, and nurses wear **uniforms**.
군인, 경찰관, 간호사는 제복을 입는다.

accompany
[əkʌ́mpəni]
▥▥▥▥

동 ~와 동행하다

관련어 • go with ~(~와 함께 가다)

☐ I **accompanied** my boss to the convention.
나는 상사와 동행해 그 회의에 참가했다.

belongings
[bilɔ́(:)ŋiŋz]
▥▥▥▥

명 소지품

◇ belong 동 ~에 속하다, ~의 것이다

☐ Have you got all your **belongings**?
소지품은 다 가지고 계십니까?

helpful
[hélpfəl]
▥▥▥▥

형 도움이 되는

◇ help 동 돕다   ◇ helpless 형 쓸모없는

☐ This booklet contains some **helpful** information.
이 책자에는 도움이 되는 정보가 실려 있다.

unique

[juːníːk]

형 진기한, 독특한, 유일한

When Koreans start a business, they hold a **unique** ceremony for good luck on the first day of business.

한국인들은 사업을 시작할 때 사업 첫날 행운을 빌기 위한 독특한 의식을 치른다.

growth

[grouθ]

명 성장

◈ grow **동** 성장하다
◈ growing **형** 성장하는
◈ grown **형** 성장한
|관련어| • grown-up(성인이 된)

The **growth** in the market changed our plans.

시장의 성장에 따라 우리 계획이 바뀌었다.

immigrant

[ímigrənt]

명 이민

◈ immigrate **동** 이주하다
◈ immigration **명** 이민, 입국심사

Canada has many **immigrants** from Europe.

캐나다에는 유럽에서 온 이민자들이 많다.

please

[pliːz]

동 기쁘게 하다, 만족시키다

◈ pleasure **명** 즐거움
◈ pleasant **형** 즐거운, 명랑한
◈ pleased **형** 기쁜, 만족스러운
◈ pleasing **형** 유쾌한, 상냥한
◈ pleasantly **부** 유쾌하게, 상냥하게
|관련어| • displeasure(불쾌) • unpleasant(불쾌한)

You can't **please** everyone.

모든 사람을 만족시킬 수는 없다.

delicious

[dilíʃəs]

▮▮▮▮

⬚ 형 맛있는, 유쾌한

◈ delicacy 명 맛있는 음식
◈ deliciously 부 맛있게, 기분 좋게

|관련어| • tasty(맛있는)

☐ These **delicious** pumpkin muffins are easy to make.
이 맛있는 호박 머핀은 만들기 쉽다.

decade

[dékeid]

▮▮▮▮

부 10년간

☐ The economy hasn't grown much for the last **decade**.
경제는 지난 10년간 그다지 성장하지 않았다.

hold

[hould]

▮▮▮▮

동 (손에) 잡다, 유지하다
명 파악, 지배[력]

|관련어| • holdings((주식, 채권 등의) 재산)

☐ My client's **holding** a document.
고객이 서류를 손에 갖고 있다.

appeal

[əpíːl]

통 마음에 들다, 호소하다, 상고하다
명 매력, 호소, 상고

※ 뒤에 오는 전치사는 to.
◈ appealing 형 매력적인

☐ I think we need new ads that **appeal** to young people.

젊은 세대에 어필하는 새로운 광고가 필요한 것 같다.

prominent

[prámənənt]

형 유명한, 두드러진

◈ prominently 부 두드러지게
|관련어| • well-known(유명한= famous, noted, notable, renowned)

☐ What the **prominent** professor says is not always correct.

그 저명한 교수가 말하는 것이 반드시 맞는 것은 아니다.

priority

[praió(ː)rəti]

명 우선사항

◈ prioritize 통 우선순위를 매기다, 우선시키다
|관련어| • first priority(최우선)

☐ Our first **priority** is to increase competitiveness in overseas markets.

우리의 최우선 목표는 해외 시장에서 경쟁력을 높이는 것이다.

inconvenience

[ìnkənvíːnjəns]

명 폐, 불편, 불쾌

◈ inconvenient 형 불편한, 형편이 나쁜

☐ We apologize for the **inconvenience**.

폐를 끼친데 대해 사과드립니다.

locate

[loukéit]

통 (지도 등에서) 가리키다, 장소를 알아내다, 위치하다

◈ location 명 위치, 장소

☐ Can you **locate** the airport on this map?

이 지도에서 공항 위치를 가르쳐 줄 수 있습니까?

transaction

[trænsǽkʃən]

Ⅲ

명 거래

◇ transact 동 거래하다
◇ transactional 형 거래의

☐ He lost money by the **transaction**.
그는 그 거래로 손해를 봤다.

commemorative

[kəmémərèitiv]

Ⅲ

형 기념이 되는

◇ commemorate 동 기념하다, 축하하다
◇ commemoration 명 기념제, 축하

☐ The **commemorative** stamp got a high price at the auction.
그 기념우표는 경매에서 높은 가격이 붙었다.

coupon

[kjú:pɑn]

Ⅲ

명 쿠폰, 우대권

|관련어| • voucher(할인권)

☐ We can use the **coupon** from the magazine at the shop.
그 잡지의 쿠폰은 저 가게에서 사용할 수 있다.

cancel

[kǽnsəl]

Ⅲ

동 취소[중지]하다

◇ cancellation 명 취소
|관련어| • call off(중지하다)

☐ The project was **canceled** due to a lack of funds.
그 계획은 자금 부족으로 취소되었다.

tackle

[tǽkəl]

Ⅲ

동 (일 등에) 매달리다

☐ We must **tackle** the problem immediately.
우리는 즉시 그 문제에 매달려야 한다.

restore

[ristɔ́ːr]
▮▮▮▮

통 회복하다, 되돌리다, 반환하다

◈ restoration 명 회복, 복원, 반환
◈ restorative 형 회복시키는, 복구의

☐ We attempted to **restore** the data but the damage was too serious.
우리는 그 데이터를 복구하려 했지만 손상이 너무 심했다.

repeat

[ripíːt]
▮▮▮▮

통 반복[재생]하다
명 되풀이, 반복

◈ repetition 명 되풀이
◈ repeated 형 되풀이된, 종종 있는
◈ repetitious 형 자꾸 되풀이되는
◈ repeatedly 부 되풀이하여

☐ We mustn't **repeat** the same mistake again.
다시 같은 실수를 반복해선 안 된다.

length

[leŋkθ]
▮▮▮▮

명 길이

◈ lengthen 통 길게 하다, 연장하다
◈ lengthy 형 긴
◈ long 형 긴, 오랜
※ -en은 동사를 만드는 접미어.

☐ You'll have to cut the **length** of your speech.
당신은 연설 길이를 줄일 필요가 있을 것이다.

population

[pɑ̀pjələ́iʃən]
▮▮▮▮

명 인구

◈ populate 통 거주하다
◈ populous 형 인구가 많은
관련어 • working population(노동 인구)

☐ Do you know what the **population** of China is?
중국의 인구가 얼마인지 아세요?

last

[læst]

- 동 계속하다, 견디다
- 형 최후의, 마지막의
  - ◈ lastly 부 최후로

☐ The rain **lasted** for three days.
3일 동안 비가 계속 내렸다.

assign

[əsáin]

- 동 (임무 등에) 선임[할당]하다
  - ◈ assignment 명 주어진 일   ◈ assigned 형 할당된

☐ I've been **assigned** here by the Washington bureau.
나는 워싱턴 지사에 의해 여기로 배정됐다.

along

[əlɔ́ːŋ]

- 전 ~을 따라서
- 부 따라서, 줄곧
  - |관련어| • along with ~(~와 함께)
  - • all along(줄곧, 처음부터)

☐ She bought a pen **along** with other stuff.
그녀는 다른 것과 함께 펜도 샀다.

divert

[divə́ːrt]

- 동 (주의 등을) 딴 데로 돌리다

☐ The noise **diverted** his attention from the work.
그 소음 때문에 그의 주의는 일에서 산만해졌다.

argue

[áːrgjuː]

- 동 언쟁[논쟁]하다
  - ◈ argument 명 논쟁, 논의
  - ◈ argumentative 형 토론하기를 좋아하는

☐ We **argued** about what to do next.
우리는 이제 무엇을 할 것인지에 관해 논쟁했다.

apart

[əpá:rt]

<u>부</u> 떨어져, 따로

|관련어| • apart from ~(~이외에는 except for, 게다가는 besides, in addition to)

☐ It was set up about 6 feet **apart**.

그것은 6피트 정도 떨어져서 세워졌다. .

moment

[móumənt]

<u>명</u> 순간, 때, 〈the ~〉 지금

◇ momentary 형 순간의, 시시각각의
◇ momentarily 부 순간적으로, 바로
|관련어| • at the moment(현재)

☐ What has been the most memorable **moment** of your career?

당신의 경력 중에 지금까지 가장 인상적이었던 순간은 어떤 때였습니까?

mention

[ménʃən]

<u>동</u> 간단히 말하다, 언급하다
<u>명</u> 진술, 언급

※ 타동사이므로 전치사는 불필요하다.

☐ I did not **mention** our plans at the meeting.

나는 회의에서 우리 계획은 언급하지 않았다.

greet

[gri:t]

<u>동</u> 인사하다, 맞이하다

◇ greeting 명 인사

☐ Let's go and **greet** our guests.

가서 손님들을 맞이합시다.

per

[pə:r]

<u>전</u> ~마다

|관련어| • per capita(1인당)

☐ She can type 50 words **per** minute.

그녀는 분당 50자를 타이핑할 수 있다.

departure
[dipá:rtʃər]
▮▮▮▮

<details>

명 출발, 떠남, 이탈

◇ depart 동 출발하다

|관련어| • arrive(도착하다) • arrival(도착)

</details>

☐ The **departure** of the plane was delayed by heavy fog.
짙은 안개로 비행기 출발이 지연되었다.

pick up
[pik ʌp]
▮▮▮▮

동 (차로) 마중가다, 좋아지다, 집어올리다

|관련어| • pickup(소형 트럭)

☐ Tony will **pick** you **up** at the airport.
토니가 공항으로 당신을 마중나갈 겁니다.

register
[rédʒəstər]
▮▮▮▮

동 등록[기록]하다, 등기로 하다
명 등록, 기록부

◇ registration 명 등록, 기록
◇ registered 형 등록한, 등기의

☐ I'd like to **register** for the summer session.
여름 학기에 등록을 하고 싶다.

chair
[tʃɛər]
▮▮▮▮

동 의장을 맡다
명 의자, 사회자

|관련어| • chairperson(의장)

☐ Louis Baker is **chairing** the meeting.
루이스 베이커가 회의의 의장직을 맡고 있다.

rank
[ræŋk]
▮▮▮▮

동 등급을 매기다, 정렬시키다
명 지위, 열, 구성원

☐ Seoul and Tokyo were **ranked** ninth and tenth, respectively.
서울과 도쿄는 각각 9위와 10위에 등급이 매겨졌다.

excessive

[iksésiv]
IIII

형 과도한, 막대한

◇ excess 명형 과잉; 잉여의
◇ exceed 동 넘어서다
◇ exceeding 형 과도한

☐ **Excessive** dieting can cause health problems.
과도한 다이어트는 건강에 문제를 일으킬 수 있다.

list

[list]
IIIII

동 일람표를 만들다, 기재하다, 〈주식〉 상장하다
명 표, 목록

◇ listing 명 목록, 일람표

☐ Will you **list** the things you need for your office?
사무실에 필요한 물건들 목록을 만들어 줄래요?

comment

[kámənt]
IIII

동 의견을 말하다, 비평하다
명 의견, 비평

※ 명사, 동사 모두 뒤에는 전치사 on이 온다.
|관련어| • commentary(해설, 주석)
        • commentate(논평하다)

☐ Will you **comment** on this report?
이 보고서에 대해 의견을 말해 주시겠어요?

fair

[fɛər]
IIII

명 합동 설명회, 품평회
형 공평한, 맑은, 좋은

◇ fairness 명 공평
◇ fairly 부 공평하게, 꽤
|관련어| • unfair(불공평한)

☐ The job **fair** will be held at the municipal hall.
취업 설명회는 시민회관에서 열릴 것이다.

10

complete
[kəmplíːt]
ııll

동 완성하다, 마치다
형 완전한

◇ completion 명 완성
◇ completely 부 완전히, 전적으로

☐ Please **complete** the questionnaire after the seminar.
세미나 뒤에 설문지를 작성해 주세요.

remain
[riméin]
ıllı

동 ~않은 채 남아 있다, 머무르다
명 〈복수형으로〉 나머지, 유물

|관련어| • remainder(잔여, 유물)

☐ Please **remain** seated until we come to a full stop.
완전히 정차할 때까지 자리에서 일어나지 말아 주세요.

sale
[seil]
ıllı

명 판매, 매상고, 할인판매

|관련어| • sell(팔다)   • on[for] sale(팔려고 내놓은)

☐ Tickets will be on **sale** starting tomorrow.
표는 내일부터 판매된다.

focus

[fóukəs]

||||

동 초점을 맞추다, 집중시키다
명 초점, 중심

※ 초점을 맞추는 대상은 전치사 on 뒤에 온다.
◇ focal 형 초점의
|관련어| • focal point(초점, 중심)

☐ I'd like to **focus** this discussion on the environment.
나는 이 토론의 초점을 환경에 맞추고 싶다.

analyze

[ǽnəlàiz]

||||

동 분석하다

◇ analysis 명 분석(복수형은 analyses)
◇ analyst 명 평론가, 전문가
◇ analytical 형 분석적인

☐ We have to **analyze** the results of his survey.
우리는 그의 조사 결과를 분석해야 한다.

memorandum

[mèmərǽndəm]

||||

명 회람, 메모

※ 단수형은 memo로 '계약의 개요, 비공식적 사내 전언'의 의미도 있다.

☐ They circulated a **memorandum** to inform the employees.
그들은 종업원들에게 알리기 위해 회람을 돌렸다.

mail

[meil]

||||

동 우송하다, 메일[e-mail]을 보내다
명 우편[물]

◇ mailing 명 우송
|관련어| • air mail(항공 우편)
         • surface mail(보통 우편, 육송 우편)
         • mail order(통신 판매)
         • mailbox(우편함)

☐ Will you **mail** this letter for me?
이 편지를 부쳐 주시겠어요?

acquire

[əkwáiər]
||||

동 얻다

◇ acquisition 명 획득, 습득, 매입
◇ acquired 형 획득한, 후천적인

☐ How did you **acquire** the drawing?
그 도면을 어떻게 입수했습니까?

behave

[bihéiv]
||||

동 행동하다, 예절 바르게 처신하다

◇ behavior 명 행동
◇ behavioral 형 행동의
|관련어| • act(행동하다)

☐ She **behaved** in a responsible way.
그녀는 책임 있는 행동을 했다.

distance

[dístəns]
||||

명 거리, 먼 곳

◇ distant 형 먼, 쌀쌀한
|관련어| • at a distance(좀 떨어져)
    • long distance(장거리)
    • in the distance(먼 곳에)

☐ I walked a long **distance** to the library.
도서관까지 꽤 걸었다.

direct

[dirékt]
||||

동 지도[지시, 명령]하다, 길을 가리키다
형 직접적인, 솔직한

◇ direction 명 지시, 방향, 설명서
◇ director 명 중역, 관리자
◇ directly 부 똑바로, 직접
|관련어| • indirectly(간접적으로)

☐ Could you **direct** me to Westwood Shopping Mall?
웨스트우드 쇼핑몰로 가는 길을 가르쳐 주시겠어요?

stay

[stei]
▥▥▥▥

동 체재하다, 머물다
명 체재

☐ I **stayed** at the Hilton in New York.
뉴욕에서는 힐튼호텔에 묵었다.

marketing

[máːrkitiŋ]
▥▥▥▥

명 마케팅

◈ market 명동 시장; 시장에 내놓다
◈ marketability 명 시장성
◈ marketable 형 팔리는, 시장성 있는

☐ He is in charge of the **marketing** department.
그는 마케팅부를 맡고 있다.

row

[rou]
▥▥▥▥

명 열

☐ There are **rows** of trees on both sides of the road.
길 양쪽에 나무들이 줄지어 있다.

online

[ɑnlain]
▥▥▥▥

부 온라인으로   형 온라인의

☐ You can track your package **online**.
소포의 배송 상황을 온라인상에서 추적할 수 있습니다.

reputation

[rèpjətéiʃən]
▥▥▥▥

명 평판, 명성

◈ repute 동 평하다
◈ reputable 형 평판이 좋은
◈ reputed 형 평판이 좋은; ~라고 일컬어지는

☐ The company has a bad **reputation** for laying off workers.
그 회사는 근로자 해고로 평판이 나쁘다.

order

[ɔ́:rdər]
▮▮▮▮

명 주문, 명령, 질서, 등급
동 주문하다, 명령하다, 정돈하다

◇ orderly 형 정돈된, 법을 지키는

|관련어| • out of order(고장 난)

• place an order(주문하다)

☐ Your **order** will be shipped within twenty-four hours.
당신이 주문하신 물건은 24시간 이내 발송됩니다.

tourist

[túərist]
▮▮▮▮

명 관광객

◇ tour 명동 여행; 여행하다   ◇ tourism 명 관광업

|관련어| • visitor(관광객, 방문객)

☐ Rome is a popular **tourist** destination.
로마는 인기있는 관광지이다.

advertise

[ǽdvərtàiz]
▮▮▮▮

동 광고[선전]하다

◇ advertisement 명 광고, 공시

◇ advertising 명형 광고; 광고의

|관련어| • advertising agency(광고 대행사)

☐ Businessmen **advertise** to make us feel like buying what they sell.
기업가들은 우리로 하여금 자신들이 파는 물건을 살 마음이 들게 광고한다.

borrow

[bɔ́(:)rou]
▮▮▮▮

동 빌리다

◇ borrowing 명 차용   ◇ borrower 명 차용인

|관련어| • lend(빌려주다)

※ borrow는 이동할 수 있는 것을 빌리는 경우에 쓰인다. 이동할 수 없는
것을 빌리는 경우에는 use를 쓴다. 또한 borrow, lend는 보통 무료인
경우에 쓰고, 요금을 지불할 때는 rent를 쓴다.

☐ May I **borrow** your car this weekend?
이번 주말에 당신 차 좀 빌려도 될까요?

adjacent

[ədʒéisənt]
▮▮▮

형 인접한

※ 뒤에 오는 전치사는 to.
◇ adjacency 명 인접
|관련어| • next to ~(~의 옆에)

☐ The hotel used to be **adjacent** to the famous old temple.
그 호텔은 유명한 오래된 절 인근에 있었다.

admire

[ædmáiər]
▮▮▮▮

동 칭찬하다

◇ admiration 명 칭찬
◇ admirer 명 숭배자
◇ admirable 형 칭찬할만한, 뛰어난

☐ I **admired** his industry.
나는 그의 근면을 칭찬했다.

shift

[ʃift]
▮▮▮▮

명 교대, 변화, 이동
동 바꾸다, 옮기다

|관련어| • early[late] shift(전[후] 교대)
• night shift(야근)

☐ Applicants must be able to work any **shift**, including the weekend.
지원자는 주말을 포함해 어느 시간대의 교대조에서도 근무할 수 있어야 한다.

advise

[ædváiz]
▮▮▮▮

동 권고[충고]하다

◇ advice 명 충고, 조언
◇ advisable 형 바람직한, 현명한
◇ advisory 충고의, 고문의
|관련어| • advisory committee(자문위원회)

☐ I **advise** you to hold on to that stock.
그 주식을 보유할 것을 권고합니다.

announce

[ənáuns]
||||

[동] 발표하다

◇ announcement [명] 발표, 공표

|관련어| • notice(통지)

☐ The hamburger chain **announced** a merger with a rival company.
그 햄버거 체인은 경쟁사와의 합병을 발표했다.

definite

[défənit]
||||

[형] 확정적인, 명확한

◇ definition [명] 정의
◇ definitive [형] 결정적인
◇ definitely [부] 확실히, 틀림없이

|관련어| • definite answer(확답)

☐ We need a **definite** answer by the end of this month.
이 달 말까지 확답이 필요합니다.

expire

[ikspáiər]
||||

[동] 만기가 되다, 종료하다

◇ expiration [명] (미) 만료
◇ expiry [명] (영) 만료

|관련어| • expiration[expiry] date(유효 기한, 사용 기한)

☐ The contract between the two companies will **expire** at the end of the year.
두 회사 간의 계약은 연말에 끝날 것이다.

merchandise

[mə́:rtʃəndàiz]
||||

[명] 상품
[동] 매매하다

◇ merchant [명] 상인
◇ merchantable [형] 매매할 수 있는

|관련어| • good(상품= item)

☐ The store sells a great variety of **merchandise**.
그 상점은 매우 많은 종류의 상품을 팔고 있다.

bound

[baund]

형 ~행의

◇ boundary 명 경계선

|관련어| • be bound to ~(꼭 ~할)

☐ You should take a bus **bound** for Central Park.

센트럴 파크 행 버스를 타셔야 합니다.

attract

[ətrǽkt]

동 끌어들이다, 매혹하다

◇ attraction 명 매력

◇ attractive 형 매력 있는

◇ unattractive 형 매력이 없는

|관련어| • distract((주의를) 딴 데로 돌리다, 괴롭히다)

☐ The country is trying to **attract** more tourists from abroad.

그 나라는 외국에서 많은 관광객을 끌어들이려 하고 있다.

examine

[igzǽmin]

동 검토하다, 연구하다, 조사하다

◇ examination 명 시험(= exam)

|관련어| • check(확인하다)

• inspect(검사하다)

• go over(세밀히 조사하다)

☐ **Examine** it carefully before you buy it.

그걸 사기 전에 꼼꼼히 살펴보세요.

concept

[kánsept]

명 개념

◇ conception 명 이해, 구상

◇ conceptualize 동 개념화하다

◇ conceptual 형 개념의

◇ conceptually 부 개념적으로

☐ It is very difficult to define the **concept** of information technology.

정보기술의 개념을 정의하기란 너무 어렵다.

나·오·는·단·어·만·외·운·대!

NEW TOEIC *VOCABULARY 1100*

Week 3

Day 11 · Day 12 · Day 13 · Day 14 · Day 15

collide

[kəláid]

▥ 충돌하다

◇ collision ⑲ 충돌

|관련어| • collide head-on(정면충돌하다)

☐ Two large ships **collided** in the harbor and both sank.
큰 배 두 척이 항구에서 충돌해 둘 다 침몰했다.

confuse

[kənfjúːz]

▥ 혼란시키다

◇ confusion ⑲ 혼란

◇ confused ⑱ 혼란한

◇ confusing ⑱ 혼란시키는

☐ He **confused** me with his many questions.
그는 여러 가지 질문을 해서 나를 당황하게 했다.

detergent

[ditə́ːrdʒənt]

⑲ 세제

◇ detergency ⑲ 세정력

☐ The new type of **detergent** is selling well.
그 새로운 타입의 세제는 잘 팔리고 있다.

comprehend

[kàmprihénd]

동 이해하다

◇ comprehension 명 이해
◇ comprehensive 형 포괄적인
◇ comprehensible 형 이해할 수 있는

☐ She was able to **comprehend** the difficult theory easily.

그녀는 그 어려운 이론을 쉽게 이해할 수 있었다.

allocate

[ǽləkèit]

동 배분하다

◇ allocation 명 분배, 할당량
◇ allocable 형 할당 가능한

☐ Companies should **allocate** profits fairly to their shareholders.

기업들은 자사 주주들에게 이익을 공정하게 배분해야 한다.

continue

[kəntínjuː]

동 계속되다[하다]

◇ continuity 명 연속(성)
◇ continuation 명 계속
◇ continuous 형 끊임없는
◇ continual 형 빈번한, 연속적인
◇ continued 형 계속하는
◇ continuously 부 끊임없이
◇ continually 부 빈번히, 계속적으로

☐ How much longer will this game **continue**?

이 경기는 앞으로 얼마나 계속됩니까?

compensate

[kámpənsèit]

동 보상하다

◇ compensation 명 보상
◇ compensational 형 보상의

☐ I'll **compensate** you for your loss.

내가 당신 손해를 보상해 주겠다.

consumer
[kənsúːmər]
▮▮▮▮

명 소비자

◇ consumption 명 소비, 소모
◇ consume 통 소비하다, 다 써버리다
|관련어| · consumer(s') goods(소비재)

☐ This measure has been taken to protect general **consumers**.
이번 조치는 일반 소비자들을 보호하기 위해 취해졌다.

contradict
[kɑ̀ntrədíkt]
▮▮▮▮

동 모순되다

◇ contradiction 명 모순   ◇ contradictory 형 모순된

☐ His behavior tends to **contradict** his words.
그의 행위는 말과 모순되는 경향이 있다.

convince
[kənvíns]
▮▮▮▮

동 확신[납득]시키다

◇ conviction 명 확신, 신념
◇ convinced 형 확신에 찬
◇ convincing 형 설득력 있는(= persuasive)

☐ You must **convince** him your opinion is right.
그에게 당신 의견이 옳다는 걸 납득시켜야 한다.

cooperate
[kouɑ́pərèit]
▮▮▮▮

동 협력하다

◇ cooperation 명 협력   ◇ cooperative 형 협력적인

☐ He **cooperated** with his friends in building up the company.
그는 친구들과 협력해서 그 회사를 세웠다.

extra
[ékstrə]
▮▮▮▮

형 여분의, 특별한, 임시의
명 여분의 것, 추가요금

☐ He got some **extra** money from the job.
그는 그 일로 가외 수입을 얻었다.

customs

[kʌ́stəmz]

명 세관

◇ custom **명** 관습

|관련어| • immigration(출입국관리)
• go through customs(세관을 통과하다)

☐ **Customs** officers inspected our baggage.

세관 직원들은 우리 짐을 면밀히 검사했다.

determine

[ditə́:rmin]

동 결심하다

◇ determination **명** 결심 ◇ determined **형** 굳게 결심한

☐ I was **determined** to finish the work by noon.

나는 그 일을 정오까지는 끝마칠 것을 결심했다.

define

[difáin]

동 정의하다

◇ definition **명** 정의 ◇ definite **형** 확정적인

☐ Could you **define** the term more specifically?

그 용어를 좀 더 확실히 정의해 주시겠어요?

congratulate

[kəngrǽtʃəlèit]

동 축하하다

◇ congratulation **명** 축하 ◇ congratulatory **형** 축하의

☐ She **congratulated** me on my engagement.

그녀는 내 약혼을 축하해 주었다.

predict

[pridíkt]

동 예측하다, 예언하다

◇ prediction **명** 예측, 예언
◇ predictable **형** 예측할 수 있는, 당연한

|관련어| • forecast(예측하다) • expect(예상하다= anticipate)

☐ The analyst **predicted** that the dollar would get strong.

그 애널리스트는 달러가 강세일 것이라 예측했다.

discuss

[diskʌs]
▮▮▮▮

동 의논[검토]하다

※ 타동사이므로 discuss about라고는 하지 않는다.
◇ discussion 명 토론, 검토
|관련어| • talk about ~(~에 대해 의논하다)

☐ The managers meet monthly to **discuss** operational issues.
부장들은 운영상의 문제에 관해 의논하기 위해 매월 회의를 연다.

diligent

[dílədʒənt]
▮▮▮▮

형 근면한

◇ diligence 명 근면   ◇ diligently 부 부지런히

☐ I certify that he is a **diligent** worker.
나는 그가 근면한 종업원이라는 것을 보증한다.

disappoint

[dìsəpɔ́int]
▮▮▮▮

동 실망시키다

◇ disappointment 명 실망
◇ disappointing 형 실망시키는
◇ disappointed 형 실망한, 좌절된

☐ She was very **disappointed** when she was not invited to the party.
그녀는 파티에 초대받지 못했을 때 매우 실망했다.

distinct

[distíŋkt]
▮▮▮▮

형 확실한

◇ distinction 명 구별   ◇ distinctive 형 특징적인, 명백한

☐ The sales chart shows a **distinct** decline in the past few months.
판매 도표는 지난 몇 달간 뚜렷한 쇠퇴를 보여준다.

dominate

[dɑ́mənèit]
▮▮▮▮

동 지배하다

◇ domination 명 지배   ◇ dominant 형 지배적인

☐ The company has **dominated** the market for a long time.
그 회사는 오랫동안 시장을 지배해 왔다.

relax

[riléks]

▥ 휴식하다, 편히 쉬다

◇ relaxation 몡 이완, 휴식
◇ relaxed 혱 느슨한, 편히 쉬는(= relaxing)

☐ They're **relaxing** on a park bench.

그들은 공원 벤치에서 편히 쉬고 있다.

educate

[édʒukèit]

▥ 교육하다

◇ education 몡 교육
◇ educational 혱 교육적인
◇ educated 혱 교양이 있는, 교육을 받은

☐ He was **educated** in Germany.

그는 독일에서 교육받았다.

election

[ilékʃən]

몡 선거

◇ elector 몡 유권자
◇ elective 혱 선택성의
◇ elect 동 선거하다, 뽑다

☐ He was defeated in the National **election**.

그는 총선에서 낙선했다.

important

[impɔ́ːrtənt]

혱 중요한

◇ importance 몡 중요성
◇ importantly 閈 중요하게

☐ They are raising an **important** issue.

그들은 중요한 문제를 제기하고 있다.

erroneous

[iróuniəs]

혱 잘못된

◇ error 몡 잘못

☐ My mission is to correct people's **erroneous** impressions about AIDS.

내 임무는 사람들이 에이즈에 관해 가진 잘못된 인상을 고치는 것이다.

exclude

[iksklú:d]

ㅣㅣㅣㅣ

동 배제하다

- ◇ exclusion 명 배제
- ◇ exclusive 형 고급의, 독점적인
- ◇ exclusively 부 독점적으로

☐ They **excluded** the item from the agenda of the conference.

그들은 회의 의제에서 그 조항을 제외했다.

electronic

[ilèktránik]

ㅣㅣㅣㅣ

형 전자의

- ◇ electron 명 전자
- ◇ electronics 명 전자기기
- ◇ electronically 부 전자적으로

☐ The machine has some **electronic** parts.

그 기계에는 몇 개의 전자 부품이 들어있다.

engineer

[éndʒəníər]

ㅣㅣㅣㅣ

명 기술자

- ◇ engineering 명 공학

☐ A team of about a hundred environmental **engineers** worked on the project.

백여 명의 환경 공학자 연구진이 계획에 참여했다.

interpret

[intə́:rprit]

ㅣㅣㅣㅣ

동 해석하다

- ◇ interpretation 명 해석
- ◇ interpreter 명 해설자

☐ They **interpreted** the law differently.

그들은 그 법률을 다르게 해석했다.

lawsuit

[lɔ́:sùːt]

ㅣㅣㅣㅣ

명 소송

- ◇ law 명 법
- ◇ lawyer 명 변호사

☐ She lost in the **lawsuit** and has a debt of one million dollars now.

그녀는 소송에 져서 지금 백만 달러의 빚이 있다.

exist

[igzíst]

동 존재하다

◇ existence 명 존재
◇ existent 형 존재하는
◇ existing 형 존재하는, 기존의

☐ We cannot **exist** without air.

우리는 공기 없이 생존할 수 없다.

refund

[ri:fʌ́nd]

동 갚다, 환불하다
명 [rí:fʌnd] 환불

◇ refundable 형 반환할 수 있는
|관련어| • reimburse(갚다, 상환하다)

☐ Can you **refund** the cost of postage in a case like this?

이런 경우 우편요금을 환불해 주실 수 있나요?

extended

[iksténdid]

형 장기의

◇ extension 명 내선전화, 연장
◇ extend 동 넓히다, 연장하다
◇ extensive 형 폭넓은

☐ She got an **extended** leave from her work.

그녀는 장기 휴가를 얻었다.

compare

[kəmpέər]

동 비교[비유]하다, 필적하다

◇ comparison 명 비교, 실례
◇ comparable 형 비교할 수 있는, 필적하는
◇ comparative 형 비교의
|관련어| • compare A to[with] B(A와 B를 비교하다)
• compared with[to] ~(~와 비교하여)

☐ He **compared** life to a game.

그는 인생을 게임에 비유했다.

permit
[pə́:rmit]
||||

명 허가증, 허가
동 [pərmít] **허가하다**

◇ permission 명 허가
◇ permissive 형 허용된
|관련어| · without permission(무단으로)

☐ You must get a parking **permit** to use this parking lot.
이 주차장을 사용하려면 주차 허가증을 받아야 한다.

venue
[vénju:]
||||

명 현장, 개최지

☐ The hotel is an ideal **venue** for conferences and business meetings.
그 호텔은 회의와 사업상 모임에 이상적인 장소다.

role
[roul]
||||

명 역할

|관련어| · play a role(역할을 맡다)

☐ He is playing a very important **role** in the negotiations.
그는 협상에서 아주 중요한 역할을 맡고 있다.

consult
[kənsʌ́lt]
||||

동 상담[참조, 협의]하다

◇ consultation 명 상담, 자문, 진찰
◇ consultant 명 고문

☐ If the symptoms continue or get worse, **consult** your doctor.
만일 증상이 지속되거나 악화되면 의사와 상담하세요.

crime
[kraim]
||||

명 범죄

◇ criminal 명형 범죄자; 범죄의

☐ The boys didn't realize that it was a **crime**.
그 소년들은 그것이 범죄라는 것을 몰랐다.

activate

[ǽktəvèit]

동 작동시키다

◇ active 형 활발한, 적극적인　　◇ activity 명 활동
◇ actively 부 적극적으로

☐ The battery is **activated** only when sensors on the mouse are touched.
마우스에 부착된 센서들을 건드릴 때만 배터리가 작동된다.

agriculture

[ǽgrikʌltʃər]

명 농업

◇ agricultural 형 농업의
|관련어| · horticulture(원예)

☐ **Agriculture** in Korea has changed with technology.
한국의 농업은 과학기술에 의해 변화했다.

athlete

[ǽθliːt]

명 운동선수

◇ athletic 형 운동경기의, 기력이 왕성한
|관련어| · athletic meeting(체육대회)

☐ The man was known for being a great **athlete**.
그 남자는 뛰어난 운동선수로 알려져 있었다.

ceremony

[sérəmòuni]

명 의식

◇ ceremonial 형 의식상의

☐ Our parents didn't come to our wedding **ceremony**.
부모님은 우리 결혼식에 오시지 않았다.

distinguish

[distíŋgwiʃ]

동 구별하다

◇ distinguished 형 현저한, 저명한
|관련어| · distinguish A from B(A를 B와 구별하다)

☐ It is easy to **distinguish** the original from the replica.
원본과 복제품을 구별하는 것은 쉽다.

Day

12

---

foresee
[fɔːrsíː]
▐▐▐▌

동 예측하다

◇ foresight 명 선견지명
◇ foreseeable 형 미리 알 수 있는
|관련어| • foreseeable future(가까운 미래)

☐ It's impossible to **foresee** exactly how our actions will affect the future.
우리의 행위가 미래에 어떻게 영향을 미칠 것인지 예측하기란 불가능하다.

---

illustrate
[íləstrèit]
▐▐▐▌

동 설명하다

◇ illustration 명 실례, 삽화   ◇ illustrated 형 삽화가 든

☐ The process is well **illustrated** in the book.
그 과정은 그 책에서 잘 설명되어 있다.

---

invent
[invént]
▐▐▐▌

동 발명하다

◇ invention 명 발명, 발명품   ◇ inventor 명 발명자
◇ inventive 형 상상력이 있는

☐ The engineer **invented** the windshield wiper.
그 엔지니어가 와이퍼를 발명했다.

---

include

[inklú:d]

동 포함[함유]하다

◇ inclusion 명 함유, 포괄
◇ inclusive 형 포함한
◇ including ~ 전 ~을 포함하여
관련어 • exclude(제외하다)

☐ The price **includes** airfare and hotel accommodations.

요금에는 항공료와 호텔 숙박비가 포함되어 있다.

inspect

[inspékt]

동 조사[검사]하다

◇ inspection 명 조사, 검사
◇ inspector 명 검사관
관련어 • customs inspection(세관 검사)

☐ We need to have the machine **inspected** at least once a month.

우리는 그 기계를 한 달에 한 번은 검사해야 할 필요가 있다.

calculate

[kǽlkjəlèit]

동 계산하다, 판단하다, 평가하다

◇ calculation 명 계산, 예측
◇ calculator 명 계산기
◇ calculated 형 계산된
◇ calculating 형 계산하는

☐ I **calculated** the total cost of the trip to be 5,000 dollars.

나는 총 여행 경비가 5,000달러가 될 걸로 계산했다.

delighted

[diláitid]

형 기뻐하는

◇ delight 명동 기쁨; 기쁘게 하다
◇ delightful 형 즐거운
관련어 • pleased(기뻐하는)

☐ I'm **delighted** to meet you.

뵙게 되어 기쁩니다.

encourage

[enkə́:ridʒ]

동 격려[장려]하다

※ 'encourage … to ~'는 이제부터 할 것을, 'encourage in ~'은 현재 일을 '격려하다' 라는 의미로 쓰인다.

◆ encouragement **명** 격려, 장려

◆ encouraging **형** 격려하는

☐ The company **encourages** the employees to attend the meeting.
회사는 직원들에게 회의에 참석하도록 격려했다.

investment

[invéstmənt]

명 투자

◆ invest **동** 투자하다   ◆ investor **명** 투자가

관련어 · investment bank(투자 은행)

☐ The government provides tax incentives to encourage **investment**.
정부는 투자를 장려하기 위해 세제상 우대조치를 시행하고 있다.

luxury

[lʌ́kʃəri]

명 사치, 사치품

◆ luxurious **형** 호화로운

☐ The recession has weakened demand for **luxury** goods.
불경기는 고급품의 수요를 줄였다.

mutual

[mjú:tʃuəl]

형 상호의

◆ mutuality **명** 상호관계   ◆ mutually **부** 서로

☐ It is in our **mutual** interest to keep this secret.
이것을 비밀로 해두는 것이 상호 이익이 된다.

omit

[oumít]

동 생략하다

◆ omission **명** 생략

☐ You **omitted** some of the most important points.
당신은 가장 중요한 점을 몇 가지 빠뜨렸다.

memorable

[mémərəbəl]

형 인상적인

◈ memory 명 기억, 추억
◈ memorize 동 암기하다
◈ memorial 형명 기념의; 기념물

☐ Is there a **memorable** performance for you?
기억에 남는 공연이 있습니까?

minister

[mínistər]

명 장관

◈ ministry 명 부, 성

☐ The Prime **Minister** convened his ministers to discuss the matter.
총리는 그 문제를 논의하기 위해 각료들을 소집했다.

persuade

[pə:rswéid]

동 설득하다

◈ persuasion 명 설득
◈ persuasive 형 설득력 있는(= convincing)

☐ I will **persuade** him to resign from the committee.
그를 설득해 위원회에서 사임하도록 하겠다.

plumber

[plʌ́mər]

명 배관공

◈ plumbing 명 배관

☐ She called a **plumber** to have the water pipe fixed.
그녀는 수도관을 고쳐달라고 하려고 배관공에게 전화했다.

politics

[pálitiks]

명 정치

◈ policy 명 정책
◈ political 형 정치의
◈ politician 명 정치가

☐ Many young people are not interested in **politics**.
많은 젊은이들은 정치에 관심이 없다.

numerous

[njúːmərəs]
▮▮▮▯

형 다수의

◇ number 명 수　　　　　　　◇ numerical 형 숫자의
◇ numerously 부 무수히
|관련어| • a lot of(많은= plenty of, a large number of, many)

☐ Dan Brown is the author of **numerous** books.
　댄 브라운은 많은 책의 저자이다.

participate

[pɑːrtísəpèit]
▮▮▮▯

동 참가[가담]하다

※ 뒤에 전치사 in이 온다.
◇ participation 명 참가　　　◇ participant 명 참가자
|관련어| • take part in(참가하다)

☐ Are you going to **participate** in the event?
　그 행사에 참여할 겁니까?

relatively

[rélətivli]
▮▮▮▮

부 비교적으로, 상대적으로

◇ relation 명 관계
◇ relationship 명 관계
◇ relative 명형 친척; 비교상의, 상대적인

☐ This area of the city is **relatively** safe.
　도시의 이 지역은 비교적 안전하다.

negotiate

[nigóuʃièit]
▮▮▮▯

동 교섭하다

◇ negotiation 명 교섭
◇ negotiator 명 교섭하는 사람
◇ negotiable 형 협의할 수 있는
|관련어| • under negotiation(교섭중인)
　　　　 • open to negotiation(교섭의 여지가 있는)

☐ We will **negotiate** the annual raise at the next meeting.
　우린 다음 회의에서 연례 임금 인상에 대해 협의할 것이다.

protect

[prətékt]

동 보호하다

◇ protection 명 보호
◇ protective 형 보호하는
◇ protected 형 보호되고 있는

☐ His work is no longer **protected** under copyright.
그의 작품은 더 이상 저작권의 보호를 받지 않는다.

secretarial

[sèkrətέəriəl]

형 비서의

◇ secretary 명 비서

☐ You must do all the **secretarial** work by yourself.
당신은 혼자 모든 비서 업무를 해야 한다.

recover

[rikʌ́vər]

동 회복하다

◇ recovery 명 회복
|관련어| • full recovery(완전한 회복)

☐ It's difficult to predict when the economy will **recover**.
경제가 언제 회복할 지 예측하는 것은 어렵다.

interview

[íntərvjù:]

명동 회견[하다], 면접[하다]

◇ interviewer 명 면접관
◇ interviewee 명 면접을 받는 사람

☐ I have an appointment for a job **interview** at 1 p.m.
나는 오후 1시에 취업 면접 약속이 있다.

structural

[strʌ́ktʃərəl]

형 구조상의

◇ structure 명동 구조; 조직하다

☐ They found that the building had a serious **structural** flaw.
그들은 그 건물에는 심각한 구조상의 결점이 있다는 것을 발견했다.

restrict

[ristríkt]

▮▮▮▮

동 제한하다

◇ restriction 명 제한
◇ restricted 형 제한된
◇ restrictive 형 제한하는
|관련어| • without restriction(자유롭게)

☐ Access to the building is **restricted** to authorized personnel only.

그 건물의 출입은 허가를 얻은 직원만으로 제한되어 있다

similar

[símələr]

▮▮▮▮

형 비슷한

◇ similarity 명 유사점
◇ similarly 부 유사하게

☐ Your handwriting is **similar** to mine.

당신 필체는 내 필체와 비슷하다.

recommend

[rèkəménd]

▮▮▮▮

동 추천[권고]하다

◇ recommendation 명 추천, 충고
◇ recommendable 형 권할만한
|관련어| • reference(추천, 추천장)

☐ He **recommended** David very strongly.

그는 데이빗을 강력히 추천했다.

specialize

[spéʃəlàiz]

▮▮▮▮

동 전문화[전공]하다

◇ specialty 명 특질, 전문, 특산품
◇ specialist 명 전문가
◇ special 형 특별한, 전용의
◇ specialized 형 특화된
◇ specially 부 특히, 임시로

☐ The business is now highly **specialized**.

그 사업은 이제 극히 전문화되었다.

suggest

[səgdʒést]
▮▮▮▮

동 제안[암시]하다

◈ suggestion 명 제안, 암시
◈ suggestive 형 시사하는, 암시하는
|관련어| • proposal(제안= proposition)

☐ I **suggested** to him that he should adopt a different policy.
나는 그에게 다른 방법을 쓰면 어떠냐고 제안했다.

surgeon

[sə́:rdʒən]
▮▮▮▮

명 외과의사

◈ surgery 명 수술   ◈ surgical 형 외과의, 수술의

☐ He practices as a **surgeon**.
그는 외과의사로 개업하고 있다.

survive

[sərváiv]
▮▮▮▮

동 살아남다

◈ survival 명 생존   ◈ survivor 명 생존자

☐ The company **survived** the recession.
그 회사는 그 불황에서 살아남았다.

option

[ápʃən]
▮▮▮▮

명 선택권, 옵션

◈ optional 형 임의의
|관련어| • choice(선택)

☐ You have several **options**.
당신에겐 몇 가지 선택권이 있다.

absolutely

[æbsəlù:tli]
▮▮▮▮

부 참말로, 완전히

※ 주로 강조할 때 사용한다.
◈ absolute 형 완전한, 절대적인

☐ You're **absolutely** right.
당신이 전적으로 옳습니다.

terminate

[tə́:rmənèit]

||||

📘동 종료하다

◆ termination 📘명 종료　　　◆ terminal 📘명 종착역

☐ The company **terminated** my contract in October.
그 회사는 10월에 나와의 계약을 종결했다.

banquet

[bǽŋkwit]

||||

📘명 연회
📘동 연회를 베풀다

|관련어| • reception(연회, 파티)

☐ We gave him a farewell **banquet**.
우리는 그에게 송별회를 해주었다.

utilize

[jú:təlàiz]

||||

📘동 이용하다

◆ utilization 📘명 이용
◆ utility 📘명 공공요금, 실용품, 유용성

☐ We can **utilize** the sun as an energy source.
우리는 태양을 에너지원으로 이용할 수 있다.

warn

[wɔːrn]

동 경고하다

◇ warning 명 경고, 경보, 주의

☐ I **warned** you to be careful about speeding.
내가 과속에 주의하라고 경고했잖아요.

shape

[ʃeip]

명 상태, 모양
동 형성하다, 모양 짓다

|관련어| • out of shape(상태가 나쁜)

☐ Business is on track, but the market is in bad **shape** right now.
사업은 정상이지만 당장은 시황이 좋지 않다.

assemble

[əsémbəl]

동 조립하다, 모으다

◇ assembly 명 조립, 모임, 의회
|관련어| • assembly line(조립 라인)

☐ These machines are **assembled** by hand.
이 기계들은 수작업으로 조립되고 있다.

laboratory

[lǽbərətɔ̀ːri]

명 실험실, 연구실

◇ laboratorial 형 실험실의

☐ The students used the **laboratory** once a week.
학생들은 실험실을 한 주에 한 번 이용했다.

artificial

[ɑ̀ːrtəfíʃəl]

형 인공의, 모조의

◇ artificially 부 인위적으로
|관련어| • man-made(인공의)

☐ They use many kinds of **artificial** colors or flavors.
그들은 많은 종류의 인공 착색료나 향신료를 사용하고 있다.

recruit

[rikrú:t]

동 채용하다, 모집하다

◇ recruitment 명 채용

|관련어| • hire(고용하다= employ)

☐ The company **recruited** three people for the project.
그 회사는 그 프로젝트를 위해 3명을 채용했다.

venture

[véntʃər]

명 벤처기업, 모험
동 과감히 ∼을 하다

☐ **Venture** capital is the most crucial resource for any start-up venture.
벤처 캐피탈은 신생 벤처 기업의 중요한 재원이다.

approach

[əpróutʃ]

동 (교섭할 목적으로) 말을 걸다, 접근하다, 이르다
명 접근, 접근법

◇ approachable 형 접근하기 쉬운, 사귀기 쉬운

☐ They **approached** the manager for the money.
그들은 자금 문제로 매니저와 접촉했다.

aim

[əim]

동 목표로 하다, 겨냥하다   명 목표, 겨냥

|관련어| • purpose(목표= goal, target, objective)

☐ This class **aims** at improving your English pronunciation.
이 수업은 당신의 영어 발음 향상을 목표로 한다.

proportion

[prəpɔ́:rʃən]

명 비율, 몫, 균형

◇ proportionate 형 균형이 잡힌
◇ proportional 형 비례의, 균형이 잡힌
|관련어| • ratio(비율)

☐ The **proportion** of boys to girls at our college is three to two.
우리 대학의 남학생과 여학생의 비율은 3대2이다.

offensive

[əfénsiv]

형 불쾌한, 무례한

◇ offense 명 기분을 상하게 하는 것, 무례, 죄
◇ offend 동 화나게 하다

☐ His attitude toward his boss was so **offensive** that he was almost fired.

그의 상사를 대하는 태도가 무례해서 그는 해고될 뻔했다.

courtesy

[kɔ́:rtəsi]

명 예의
형 예의상의, 우대의

◇ courteous 형 예의 바른

☐ Many Korean people think much of **courtesy**.

많은 한국인은 예의를 중시한다.

fasten

[fǽsn]

동 단단히 묶다

◇ fastener 명 잠그는 기구

☐ Please make sure that your seat belt is securely **fastened**.

안전벨트가 단단히 매어져 있는지 확인하세요.

physical

[fízikəl]

형 육체의, 물리적인

◇ physician 명 의사
◇ physically 부 육체적으로, 물리적으로

☐ **Physical** exercise is essential to good health.

육체 운동은 건강에 필수적이다.

refuse

[rifjú:z]

동 거절하다, 물리치다

◇ refusal 명 거절, 거부
관련어 · accept(승낙하다)

☐ The board of directors **refused** my proposal.

이사회는 내 제안을 각하했다.

journey

[dʒə́ːrni]
||||

명 여행 동 여행하다

|관련어| • travel(여행= trip, tour)
• voyage(배 여행)

☐ We had two days' **journey** to London.
우리는 런던까지 이틀간의 여행을 했다.

vision

[víʒən]
||||

명 통찰력, 미래상, 시력

◇ visionary 형명 상상력이 풍부한; 몽상가

☐ We need a man of **vision** as our leader.
우리는 지도자로 통찰력 있는 인물이 필요하다.

minor

[máinər]
||||

형 적은, 미성년의

◇ minority 명 소수파

☐ There has been a **minor** change in plans.
계획에 약간의 변경이 있었다.

museum

[mjuːzíːəm]
||||

명 박물관, 미술관

|관련어| • curator(전시 책임자, 관리자, 관장)
• gallery(미술관)
• auditorium(강당, 음악당)

☐ There's a new sculpture exhibit at the art **museum**.
미술관에서 새 조각 전시회를 하고 있다.

immature

[ìmətʃúər]
||||

형 미숙한, 미완성의

☐ She was so **immature** that she lost her temper.
그녀는 매우 미숙해서 화를 냈다.

affect
[əfékt]
동 영향을 미치다

◇ affected 형 영향 받은

☐ The heat wave **affected** the entire region this year.
올 여름 무더위가 전 지역에 영향을 미쳤다.

constantly
[kánstəntli]
부 끊임없이, 언제나

◇ constancy 명 항구성, 불변
◇ constant 형 끊임없는, 일정한

☐ We **constantly** check the quality of our service.
우리는 끊임없이 우리 서비스의 질을 점검하고 있다.

convert
[kənvə́ːrt]
동 변환하다, 바꾸다
명 [kánvəːrt] 전향자

◇ conversion 명 변환
◇ convertible 형 변환할 수 있는

☐ They **converted** the file into a different format.
그들은 그 파일을 다른 포멧으로 변환했다.

eager
[íːgər]
형 열심인, 간절히 바라는

◇ eagerness 명 열심   ◇ eagerly 부 열심히

☐ The youth of today are **eager** to learn.
오늘날의 젊은이들은 배우는 데 열심이다.

routine
[ruːtíːn]
명 판에 박힌 일, 일과, 기계적 절차
형 일상적인

◇ routinely 부 관례대로

☐ The factory will be closed tomorrow for **routine** maintenance.
내일은 정기적인 보수점검으로 공장은 열지 않는다.

correct
[kərékt]
▮▮▮▮

형 올바른
동 고치다, 바로잡다

◇ correction 명 정정
◇ corrective 형 바로잡는
◇ correctly 부 올바르게

☐ The information in the newsletter was **correct**.
그 회보의 정보는 옳았다.

reflect
[riflékt]
▮▮▮▮

동 반사하다, 반영하다, 숙고하다

◇ reflection 명 반사, 반영, 숙고
◇ reflective 형 반사하는, 반영하는, 사려 깊은

☐ His warm words **reflected** his feelings toward her.
그의 따뜻한 말은 그녀를 향한 그의 감정을 반영하고 있었다.

cleaner's
[klíːnərz]
▮▮▮▮

명 〈the ~〉 세탁소

☐ She dropped off some clothes at the **cleaner's**.
그녀는 그 세탁소에 세탁물을 내려놓았다.

whereas
[hwέərǽz]
▮▮▮▮

접 ~에 반해서

※ 대비를 나타낼 때 쓴다.

☐ Some people like cats, **whereas** others like dogs.
고양이를 좋아하는 사람이 있는 반면 개를 좋아하는 사람도 있다.

incompetent
[inkámpətənt]
▮▮▮▮

형 무능한

◇ incompetence 명 무능
|관련어| · competent(유능한)   · competence(능력)

☐ **Incompetent** businessmen tend to flatter their superiors.
무능한 비즈니스맨은 상사에게 아첨하는 경향이 있다.

busy

[bízi]

형 붐비는, 바쁜, 통화중인

관련어 • busy ~ing(~로 바쁘다)

☐ The restaurant was very **busy** last Sunday.
그 식당은 지난 일요일에 매우 붐볐다.

besides

[bisáidz]

전 ~외에도
부 그 밖에, 게다가

※ beside는 '~곁에' 라는 의미이므로 주의할 것.
관련어 • in addition to(게다가= apart from)

☐ **Besides** being tired, I'm hungry.
나는 피곤한데다가 배도 고프다.

resistance

[rizístəns]

명 저항, 반대

◇ resist 동 저항하다, 반대하다   ◇ resistant 형 저항하는

☐ His plan faced some **resistance** at first.
처음에 그의 계획은 약간의 반대에 부딪혔다.

honest

[ánist]

형 정직한

◇ honesty 명 정직   ◇ honestly 부 정직하게
관련어 • dishonest(부정직한)

☐ The man was **honest** enough to return the money.
그 남자는 정직하게도 돈을 돌려주었다.

appropriate

[əpróuprièit]

형 적절한

◇ appropriately 부 적절히
관련어 • inappropriate(부적절한)

☐ It's not **appropriate** to talk about religion in the meeting.
회의 중 종교에 관한 이야기를 하는 것은 적절하지 않다.

external

[ikstə́:rnəl]

▌▌▌▌

형 외부의

|관련어| • internal(내부의)

☐ They hired an **external** accountant to check the books.

그들은 장부를 조사하기 위해 외부 회계사를 고용했다.

weaken

[wíːkən]

▌▌▌▌

동 약화시키다

※ –en은 동사를 만드는 접미어.

◈ weak 형 약한   ◈ weakness 명 약함, 약점

|관련어| • strengthen(강화하다)

☐ **Weakening** demand has caused layoffs throughout the industry.

수요 감소로 업계 전반에 걸쳐 감원 바람이 불었다.

deficit

[défəsit]

▌▌▌▌

명 적자

|관련어| • surplus(흑자)

        • accumulated deficit(누적 적자)

☐ A newspaper reported that the company had an enormous fiscal **deficit**.

신문은 그 회사에는 거액의 회계 적자가 있다고 보도했다.

invalid

[ínvəlid]

형 무효의

|관련어| • valid(유효한)

☐ Sorry, this ticket is **invalid**. We can't let you in.
죄송하지만 이 티켓은 무효입니다. 입장하실 수 없습니다.

find

[faind]

동 찾아내다, 발견하다, 알다
명 발견[물]

|관련어| • finding(조사 결과)

☐ I **found** a temporary job at a supermarket.
나는 슈퍼마켓에서 임시 일자리를 찾았다.

generate

[dʒénərèit]

동 낳다, 발생시키다

◈ generation 명 발생, 세대   ◈ generator 명 발전기

|관련어| • create(만들어내다)
• produce(생산하다)
• younger generation(젊은 세대)

☐ The new plant will **generate** many job opportunities.
새 공장은 많은 일자리를 만들어낼 것이다.

expand

[ikspǽnd]

동 넓히다, 발전시키다

◈ expansion 명 확장, 발전

☐ We must **expand** our business overseas.
우린 해외 사업을 확장해야 한다.

release

[rilí:s]

명 공개, 발표
동 발표하다, 해방[석방]하다

☐ Everyone was excited about the **release** of the movie.
그 영화의 개봉에 모두들 흥분했다.

means

[mi:nz]

▥▥▥▥

명 수단, 방법

|관련어| • by all means(반드시, 기어이)

☐ There was no **means** of transportation at that time.
당시는 수송 수단이 아무 것도 없었다.

medium

[míːdiəm]

▥▥▥▥

명 [전달] 방법, 매체

◈ media 명 medium의 복수형, 매스컴

|관련어| • press(보도기관)

☐ Radio used to be the most important **medium** of communication.
라디오는 과거에 가장 중요한 의사전달 매체였다.

manner

[mǽnər]

▥▥▥▥

명 방식, 방법, 태도, 〈복수형으로〉 예의범절

|관련어| • well-[ill-]mannered(예의 바른[없는])
• manners and customs(풍속 및 관습)
• in a calm manner(침착한 태도로)

☐ I like his professional **manner**.
나는 그의 전문가적인 태도가 마음에 든다.

broadcast

[brɔ́ːdkæ̀st]

▥▥▥▥

명 방송   동 방송하다

◈ broadcaster 명 방송인, 방송사

☐ They saw a **broadcast** of the game.
그들은 그 경기의 방송을 보았다.

version

[vớːrʒən]

▥▥▥▥

명 판, 버전

|관련어| • the final version(최종판)
• a pirate version(해적판)

☐ The latest **version** of the software will be available within 6 months.
그 소프트웨어의 최신판은 6개월 안에 구할 수 있을 것이다.

security

[sikjúəriti]

명 경비, 안전, 담보, 〈복수형으로〉 증권

◇ secure 동형 안전하게 하다, 확보하다; 안전한, 확실한

◇ securely 부 안전하게

|관련어| · insecurity(불안)   · insecure(불안한)

☐ We've installed a new **security** system.

우리는 새 경비 시스템을 설치했다.

policy

[páləsi]

명 규칙, 방침, 정책, (보험의) 계약

|관련어| · insurance policy(보험 계약)

☐ It's my **policy** to be punctual all the time.

항상 시간을 지키는 것이 내 방침이다.

interrupt

[ìntərʌ́pt]

동 중단하다, 방해하다

◇ interruption 명 중단, 방해

☐ The game was **interrupted** by sudden rain.

경기는 갑자기 내린 비로 중단되었다.

distribute

[distríbju:t]

동 분배하다, 배달하다, 유통시키다

◇ distribution 명 분배, 배급, 유통

◇ distributor 명 배급업자, 판매 대리점

|관련어| · pass out(나눠주다= hand out)

☐ Please **distribute** these handouts.

이 유인물을 나눠 주세요

abandon

[əbǽndən]

동 단념하다, 버리다

◇ abandoned 형 버림받은, 유기된

☐ The man **abandoned** his hope to be a singer.

그 남자는 가수가 되려는 꿈을 버렸다.

prevent
[privént]
▮▮▮▮

[동] 막다, 방해하다, 예방하다

◇ prevéntion [명] 방지, 예방
◇ preventive [형] 예방의
|관련어| • prevent A from ~ing(A가 ~하는 것을 방해하다)

☐ The device **prevented** him from getting hurt.
그 장치는 그가 다치는 것을 방지했다.

place
[pleis]
▮▮▮▮

[동] 놓다, 배치하다, 제출하다
[명] 장소, 지위, 좌석, 입상 순위

◇ plácement [명] 배치
|관련어| • place an order(주문하다)

☐ Please **place** the boxes in a row.
그 상자를 일렬로 놓아 주세요.

corporation
[kɔ́ːrpəréiʃən]
▮▮▮▮

[명] 회사, 법인

◇ córporate [형] 회사의, 법인의, 공동의
◇ incorporátion [명] 법인설립, 회사
◇ incórporate [동] 법인화하다, 포함하다
◇ incórporated [형] 법인조직의

☐ She owns a **corporation** in Korea.
그녀는 한국에 회사를 소유하고 있다.

method
[méθəd]
▮▮▮▮

[명] 방법, 방식

◇ methódical [형] 질서정연한
◇ methodólogy [명] 방법론
|관련어| • way(방법)　• means(방법)

☐ They need more efficient **methods** of collecting data.
그들은 좀 더 효율적인 자료 수집 방법이 필요하다.

fine

[fain]
IIII

명 벌금   동 벌금을 부과하다
형 훌륭한, 건강한   부 훌륭하게

☐ I paid a 100 dollar **fine** for illegal parking.
나는 불법 주차로 벌금 백 달러를 냈다.

excuse

[ikskjúːs]
IIII

명 핑계, 변명, 사과
동 [ikskjúːz] 용서하다, 변명하다, 면제하다

☐ You're using me as an **excuse** not to go.
당신은 가지 않는 핑계로 나를 이용하고 있다.

code

[koud]
III

명 규칙, 법률, 기호, 번호

|관련어| • area code(시외 국번)
      • a code of conduct(행동 규범)

☐ I hear that management is considering a change in the company dress **code**.
경영진에서 회사의 복장 규정을 바꿀 것을 고려중이라는 얘기가 들린다.

deserve

[dizə́ːrv]
II

동 (보수, 벌 등을) 받을 만하다, 가치가 있다

◈ deserving 형 당연히 받을 만한

☐ His conduct **deserves** praise.
그의 행동은 칭찬 받을 만하다.

report

[ripɔ́ːrt]
II

명 보고[서], 발표, 보도   동 보고[보도]하다

◈ reportedly 부 들리는 바에 의하면
|관련어| • annual report(연례 보고서)
      • report to ~(~의 지시를 받다)

☐ The monthly **report** was finally distributed.
월례 보고서가 마침내 배포되었다.

surplus

[sə́:rplʌs]

명 잉여

☐ He came up with a good idea to make use of the **surplus** of rice.
그는 남는 쌀을 이용할 좋은 생각이 떠올랐다.

legal

[líːgəl]

형 법률상의, 법정의, 합법의

◇ law 명 법률　　　　　　　　◇ legalize 동 합법화하다
◇ legally 부 법률적으로
|관련어| • illegal(위법의= unlawful)

☐ We want to hire someone with experience in handling **legal** documents.
우리는 법률 서류를 다룰 줄 아는 경력사원을 고용하길 원한다.

reach

[riːtʃ]

명 미치는 범위
동 도착하다, 미치다

|관련어| • out of reach(손이 닿지 않는 곳에)

☐ Keep this product out of children's **reach**.
이 제품은 아이들의 손이 닿지 않는 곳에 보관하세요.

reschedule

[riːskédʒu(ː)l]

동 예정[일정]을 변경하다

※ re–는 '다시'라는 의미의 접두사.

☐ I needed to **reschedule** the meeting due to the delay.
그 지연 때문에 나는 회의 일정을 변경할 필요가 있었다.

maintain

[meintéin]

동 유지[지속]하다, 보존하다

◇ maintenance 명 유지, 보존, 정비

☐ We must **maintain** our existing facilities.
우리는 기존의 시설을 보수정비 해야 한다.

different

[dífərənt]

형 다른, 별개의, 독특한

◇ difference 명 다름, 차이, 차액
◇ differentiate 통 식별[구별]하다
◇ differ 통 다르다
◇ differently 부 다르게

☐ This vase is **different** from what I ordered.

이 꽃병은 내가 주문한 것과는 다르다.

sight

[sait]

명 광경, 보기, 시력, 시계

◇ sightseeing 명 관광

|관련어| · the sights(관광명소)
· out of sight(보이지 않는 곳에)

☐ The victory of the marathon runner was a beautiful **sight**.

그 마라톤 선수의 우승은 아름다운 광경이었다.

ship

[ʃip]

통 선편으로 보내다, 선적하다
명 배

◇ shipping 명 선적, 해운업
◇ shipment 명 선적, 발송, 출하

☐ We'll be able to **ship** it on Wednesday.

수요일에는 그것을 선적할 수 있을 것이다.

supplement

[sʌ́pləmənt]

통 부가하다, 보완하다, 보충하다
명 추가, 보충, 영양보조식품

◇ supplementary 형 보충의, 추가의

☐ Many countries use wind power to **supplement** traditional energy sources.

많은 나라들은 종래의 에너지원을 대체하기 위해 풍력을 이용하고 있다.

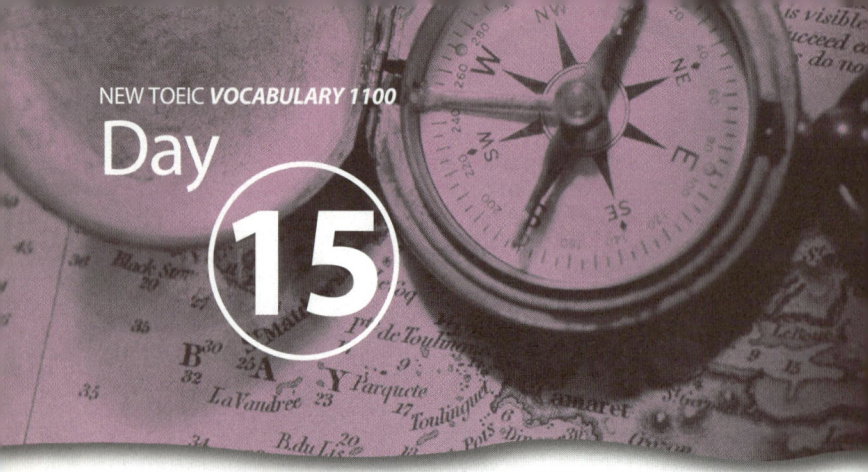

---

assure

[əʃúər]
▮▮▮▮

동 (남에게) 보장하다, 확신시키다

◇ assurance 명 확약, 확언
◇ assured 형 확실한, 자신만만한
◇ assuredly 부 확실히, 자신을 갖고

☐ The clerk **assured** me that it would arrive in time.
　직원은 그것이 제때에 도착할 것이라고 장담했다.

---

guarantee

[gæ̀rəntíː]
▮▮▮▮

동 보증하다　　명 보증서

◇ guarantor 명 보증인　　◇ guaranty 명 보증

☐ We **guarantee** you will be completely satisfied with our high-quality products.
　우리는 고품질 제품으로 당신을 완전히 만족시킬 것을 보증합니다.

---

sponsor

[spánsər]
▮▮▮▮

동 후원하다, 보증하다　　명 후원자, 보증인

◇ sponsorship 명 원조, 후원

☐ The event was **sponsored** by three companies.
　그 행사는 3개의 회사가 후원하고 있었다.

supply

[səplái]

|||

동 공급[배급]하다, 보충하다

명 공급[품], 〈복수형으로〉 일용품, 생활필수품

◈ supplier 명 공급업자

|관련어| · supply and demand(공급과 수요)

☐ Our company can **supply** you with the necessary information.

저희 회사는 귀하에게 필요한 정보를 제공할 수 있습니다.

fill

[fil]

||||

동 채우다, 보충하다   명 충분, 그득함

◈ filling 명 채우는 것, 속

|관련어| · fill out(필요사항을 기입하다)

· fill in(빈곳을 채우다)

☐ Please **fill** in the application form.

신청서에 기입해 주세요.

guideline

[gáidlàin]

||||

명 지침

※ 보통 복수형으로 쓰인다.

◈ guide 명동 안내인, 지도자, 입문서; 안내하다, 지도하다

◈ guidance 명 지도, 안내

☐ The government adopted new safety **guidelines**.

정부는 새 안전 지침을 채택했다.

authorize

[ɔ́:θəràiz]

|||

동 권한을 부여하다

◈ authorities 명 당국   ◈ authorization 명 허가

◈ authoritative 형 권위 있는

|관련어| · leading authority(제1인자)

· unauthorized vehicle(무허가 자동차)

☐ All overtime hours must be **authorized** in advance by the employee's supervisor.

시간외 근무를 할 때는 사전에 상사의 허가를 받아야 한다.

regular

[régjələr]

▌▌▌▌

- 형 정기적인, 보통의, 정규의
- 명 정규 선수, 단골손님

◈ regularity 명 규칙[성]
◈ regularly 부 규칙적으로, 정기적으로
|관련어| • irregular(불규칙한, 비정상의)

☐ There's a **regular** bus service to the city center.

도심으로 가는 버스 정기 운행이 있다.

preserve

[prizə́:rv]

▌▌▌▌

- 동 지키다, 보호[보존]하다

◈ preservation 명 보존, 보호   ◈ preservative 명 방부제

☐ The city decided to **preserve** the historic building.

시는 그 역사적인 건물을 보존하기로 결정했다.

review

[rivjú:]

▌▌▌▌

- 동 재조사하다, 복습하다, 개관하다, 비평하다
- 명 재조사, 비평, 평론

☐ The company **reviewed** every expenditure to cut costs.

그 회사는 경비 삭감을 위해 모든 비용을 재조사했다.

duplicate

[djú:pləkit]

▌▌▌▌

- 동 복제하다   명 복제   형 복제의

◈ duplication 명 복제
|관련어| • copy(복제하다)

☐ I will **duplicate** the key to my house and give it to you.

우리 집 열쇠를 복제해서 당신에게 주겠다.

finding

[fáindiŋ]

▌▌▌▌

- 명 조사결과

※ 보통 복수형으로 쓰인다.

☐ Many people are shocked at the **findings**.

많은 사람들이 그 조사결과를 보고 충격을 받았다.

complex

[kəmpléks]

형 복잡한   명 복합빌딩, 콤플렉스

◇ complexity 명 복잡

|관련어| • complicated(복잡한)

☐ Currently the most pressing and **complex** environmental problem is the greenhouse effect.

최근 가장 긴급하고도 복잡한 환경 문제는 온실 효과이다.

glance

[glæns]

동 힐긋 보다, 대강 훑어보다   명 힐긋 봄, 일견

※ 뒤에 전치사 at이 온다.

|관련어| • at a glance(척 보아)

☐ He's **glancing** at a magazine.

그는 잡지를 훑어보고 있다.

department

[dipá:rtmənt]

명 부문, 부, 과, 학과

◇ departmental 형 부문의

|관련어| • division(부서)   • department store(백화점)

☐ I work in the human resources **department**.

나는 인사부에서 근무한다.

grateful

[gréitfəl]

형 감사하는

◇ gratitude 명 감사   ◇ gratefully 부 감사하여

☐ I'm very **grateful** for your invitation.

당신의 초대에 정말 감사드립니다.

obvious

[ábviəs]

형 명백한

◇ obviously 부 명백하게

☐ It's **obvious** he doesn't understand the situation he is in.

그는 지금 자신이 처한 상황을 이해하지 못하고 있는 게 분명하다.

average

[ǽvəridʒ]
▮▮▮▮

[명] 평균, 보통   [형] 평균의, 평범한   [동] 평균하다

|관련어| • on average(평균하여)

☐ His grades are usually above **average**.
그의 성적은 대개 평균 이상이다.

local

[lóukəl]
▮▮▮▮

[형] 지방의, 역마다 서는

|관련어| • local call(시내 통화)
      • local government(지방 정부)
      • local time(현지 시간)

☐ They found an article about it in a **local** newspaper.
그들은 지방 신문에서 그것에 관한 기사를 발견했다.

incorrect

[ìnkərékt]
▮▮▮▮

[형] 부정확한

◇ incorrectly [부] 부정확하게

|관련어| • inaccurate(부정확한)   • correct(정확한)

☐ Her objection against the plan is based on **incorrect** facts.
그녀가 그 계획에 대해 반대하는 것은 부정확한 사실에 근거하고 있다.

site

[sait]
▮▮▮▮

[명] 현장, 부지

☐ There was no one on the construction **site** after five.
5시가 넘으면 그 건설현장에는 아무도 없었다.

serve

[səːrv]
▮▮▮▮

[동] (음식 등을) 내다, 근무하다, 봉사하다

◇ service [명] 봉사, 공공사업

☐ Refreshments will be **served** after the meeting.
회의 후에 가벼운 다과가 나올 것이다.

perhaps

[pərhǽps]

부 〈정중히 부탁할 때〉 ~해 주었으면, 어쩌면

☐ **Perhaps** you would be good enough to drive me home.

집까지 차로 데려다 줄 수 있습니까?

consecutive

[kənsékjətiv]

형 연속적인

◇ consecutively 부 연속해서

☐ The stock market continued its upward trend for the fifth **consecutive** week.

주식 시장은 5주 연속 상승세를 나타냈다.

invite

[inváit]

동 초대하다, 부르다

◇ invitation 명 초대[장]　　◇ inviting 형 매력적인
◇ invitational 형 초대된, 의뢰받은

☐ I **invited** Tom to dinner.

톰을 저녁식사에 초대했다.

domain

[douméin]

명 영역, 분야, 영지

|관련어| • in the public domain(〈저작권 등이〉 권리 소멸 상태인)

☐ Peter's **domain** was applying common sense to his designs.

자신의 디자인에 상식을 응용하는 것이 피터의 분야였다.

conflict

[kánflikt]

명 대립, 분쟁, 갈등

◇ conflicting 형 모순되는
|관련어| • scheduling conflict(일정이 맞지 않음)

☐ Because of a scheduling **conflict**, the meeting was postponed until the following week.

일정이 맞지 않아 회의는 다음 주로 연기되었다.

cause
[kɔ:z]

📖 이유, 원인, 소송
📖 ~의 원인이 되다

☐ They are investigating the **cause** of the accident.
그들은 그 사고의 원인을 조사하고 있다.

separate
[sépərit]

📖 별도의, 분리된, 독립된
📖 [sépərèit] 분리[구별]하다

◈ separation 📖 분리
◈ separately 📖 갈라져서, 떨어져서

☐ We'll send your order in two **separate** shipments.
주문하신 것은 2개의 별도의 편으로 보내드리겠습니다.

emerge
[imə́:rdʒ]

📖 나타나다, 분명해지다

◈ emergence 📖 출현, 발생
◈ emerging 📖 신생의

☐ A new problem **emerged** at the meeting.
회의에서 새로운 문제가 나타났다.

dispute
[dispjú:t]

📖 논쟁, 분쟁   📖 논쟁하다

◈ disputable 📖 논란의 여지가 있는
◈ disputant 📖📖 논쟁하고 있는; 논쟁자

☐ The two countries are trying to settle the **dispute**.
그 두 나라는 분쟁을 해결하려고 하고 있다.

fire
[faiər]

📖 해고하다, 불을 붙이다   📖 불, 화재

|관련어| • fire engine(소방차)

☐ The company **fired** five employees last month.
그 회사는 지난 달 5명의 종업원을 해고했다.

divide

[diváid]

동 나누다, 분할하다, 나눗셈을 하다

◈ division 명 분할, 나눗셈; 부서(= department)
◈ share 동 나누다

☐ The first year of the course is **divided** into four units.
그 과정의 첫 해는 네 개의 단위로 나뉜다.

despite

[dispáit]

전 ~에도 불구하고

|관련어| • in spite of ~(~에도 불구하고)

☐ He went to the party **despite** his busy schedule.
그는 바쁜 일정에도 불구하고 파티에 갔다.

feedback

[fí:dbæk]

명 피드백, 의견, 조사결과

☐ I asked for **feedback** from consumers.
나는 고객들에게 의견을 요청했다.

disturb

[distə́:rb]

동 방해하다, 불안하게 하다

◈ disturbance 명 소란, 방해   ◈ disturbed 형 걱정하는
◈ disturbing 형 불안하게 하는

☐ Don't **disturb** him while he's working.
그가 일을 하고 있는 동안은 방해하지 말아 주세요.

ride

[raid]

명 (탈것 등에) 타기[태워주기]
동 타다

|관련어| • give+사람+a ride(남을 탈것에 태워주다)

☐ I have a doctor's appointment at 3. Do you mind if I ask you for a **ride**?
3시에 병원 예약이 있어서요. 좀 태워다 줄 수 있어요?

나·오·는·단·어·만·외·운·대!

NEW TOEIC *VOCABULARY 1100*

Week 4

Day 16 · Day 17 · Day 18 · Day 19 · Day 20

Day

16

---

pivotal

[pívətl]

▮▮▮▮

형 중요한

◇ pivot 명동 축, 중심; 회전하다

┠관련어 • crucial(중요한= vital)　　• central(중심적인)

☐ The dollar plays a **pivotal** role in the world economy.
달러는 세계 경제에서 중요한 역할을 한다.

---

recipe

[résəpì:]

▮▮▮▮

명 조리법, 비결

┠관련어 • recipe for ~(~의 조리법)

☐ You can substitute oil for butter in this **recipe**.
이 요리법에서는 버터 대신 식용유를 써도 된다.

---

cost

[kɔːst]

▮▮▮▮

명 비용, 희생
동 (시간, 비용, 노력이) 들다, 희생시키다

◇ costly 부 값비싼, 손실이 큰

┠관련어 • fixed cost(고정 비용)　　• variable cost(변동 비용)

☐ The actual **cost** was much higher than our initial estimate.
실제 비용은 우리가 산출한 당초의 견적보다 훨씬 더 높았다.

devote

[divóut]

동 (시간, 정력 등을) 바치다, 전념하다

◇ devotion 명 헌신, 전념
◇ devoted 형 헌신적인

☐ She **devoted** herself to raising her children.
그녀는 자녀 양육에 전념했다.

respond

[rispánd]

동 응답[대답, 반응]하다

◇ response 명 응답, 대답, 반응
◇ respondent 명 응답자
|관련어| • reply(대답하다)

☐ How did you **respond** to his request?
그의 요청에 어떻게 답했나요?

spectator

[spékteitər]

명 관중

☐ The soccer game attracted fifty thousand **spectators**.
그 축구 시합은 5만 명의 관중을 끌어 모았다.

expensive

[ikspénsiv]

형 고가의, 비용이 드는

◇ expense 명 비용, 지출
|관련어| • inexpensive(싼= cheap)

☐ This suit is too **expensive**.
이 양복은 너무 비싸다.

empty

[émpti]

형 빈 동 비우다

◇ emptiness 명 공허
|관련어| • empty seat(공석)

☐ The park is **empty** today.
주차장이 오늘은 비어있다.

evaluate

[ivǽljuèit]

동 평가하다

◇ evaluation 명 평가(= assessment)

|관련어| • assess(평가하다)　• appraisal(근무평가)

☐ The manager **evaluated** his work as a sales clerk.
점장은 판매원으로서의 그의 업무를 평가했다.

worldwide

[wɔ́ːrldwáid]

형 세계적인

|관련어| • all over the world(세계적으로= around the world)
　　　　• nationwide(전국적인)

☐ Soccer became a sports game that is loved by close to 3 billion people **worldwide**.
축구는 전 세계적으로 30억의 사람들에게 사랑받는 운동 경기가 되었다.

attain

[ətéin]

동 달성하다

◇ attainment 명 달성(= achievement, accomplishment)

|관련어| • achieve(달성하다= accomplish)

☐ The two firms combined to **attain** better management.
그 두 회사는 경영 합리화를 달성하기 위해 합병했다.

attire

[ətáiər]

명 복장

|관련어| • clothes(복장)

☐ Nancy looks quite different in business **attire**.
낸시는 정장을 입으면 전혀 다른 사람처럼 보인다.

entitle

[entáitl]

동 권한[자격]을 부여하다, 표제를 달다

☐ You are **entitled** to a higher salary.
당신은 높은 급여를 받을 자격이 있다.

store

[stɔːr]

명 가게, 비축, 저장소
동 비축하다, 축적하다

◇ storage 명 저장, 창고

☐ The **store** sells consumer electronics.

그 가게는 가정용 전자제품을 팔고 있다.

reserve

[rizə́ːrv]

동 예약하다, 비축하다
명 예약, 비축, 준비금

◇ reservation 명 예약, 지정 거류지
◇ reserved 형 예약한, 예비의
|관련어| • book(예약하다)
• make a reservation(예약하다)

☐ I'd like to **reserve** a single room for tonight.

오늘밤 1인실을 예약하고 싶습니다.

always

[ɔ́ːlweiz]

부 항상

|관련어| • at all times(항상)
• all the time(언제나)
• anytime(언제나)

☐ You must carry this card **always**.

당신은 항상 이 카드를 소지하고 다녀야 한다.

consequently

[kánsikwəntli]

부 결과적으로

◇ consequence 명 결과
◇ consequent 형 결과로 일어나는
◇ consequential 형 결과로 일어나는
|관련어| • as a consequence(결과로= as a result)

☐ **Consequently**, she had to quit her job.

결과적으로 그녀는 일을 그만두어야 했다.

concise

[kənsáis]
▮▮▮▮

형 간결한

◇ conciseness 명 간결함   ◇ concisely 부 간결하게

|관련어| • brief(간결한)
         • put it concisely(짧게 말하면)

☐ Everyone was satisfied with the **concise** explanation.
모두 그 간결한 설명에 만족했다.

evident

[évidənt]
▮▮▮▮

형 명백한

◇ evidence 명 증거(= proof)   ◇ evidently 부 분명히

|관련어| • clear(명백한= obvious)   • self-evident(자명한)

☐ It is **evident** that you have misunderstood me.
당신이 나를 오해한 것이 분명하다.

donation

[dounéiʃən]
▮▮▮▮

명 기부

◇ donate 동 기부하다

|관련어| • contribution(기부)

☐ Most charitable **donations** are tax-deductible.
대부분의 자선 기부금은 세금이 공제된다.

fade

[feid]
▮▮▮▮

동 서서히 사라지다

☐ The color can **fade** when exposed to sunlight.
햇빛에 노출되면 색이 날아갈 수 있다.

especially

[ispéʃəli]
▮▮▮▮

부 특히

|관련어| • particularly(특히= in particular)

☐ The true figures may be much higher, **especially** in rural areas.
진짜 통계 수치는 특히 농촌 지역에서 훨씬 더 높을 수 있다.

physician

[fizíʃən]

명 [내과]의사

⬦ physics 명 물리학　　⬦ physicist 명 물리학자
⬦ physical 형 신체적인
관련어 • doctor(의사)　　• surgeon(외과의사)

☐ Consult with your **physician** about your health.

담당 의사와 당신의 건강에 대해 상담해 보세요.

sufficient

[səfíʃənt]

형 충분한

⬦ sufficiently 부 충분히
관련어 • enough(충분한)　　• insufficient(불충분한)

☐ The director couldn't get **sufficient** support from the employee.

부장은 직원에게서 충분한 지지를 얻지 못했다.

confidential

[kànfidénʃəl]

형 비밀의, 믿을만한

⬦ confidence 명 신용, 자신
⬦ confident 형 자신이 있는
관련어 • secret(비밀의)

☐ The negotiations moved ahead quickly during **confidential** bargaining sessions.

협상은 비밀 교섭 회의 중에 급속히 진척됐다.

global

[glóubəl]

형 세계적인

⬦ globe 명형 지구; 지구의
⬦ globalization 명 세계화
⬦ globalize 동 세계화하다
⬦ globally 부 전 세계적으로
관련어 • global warming(지구 온난화)

☐ Many of the environmental problems are **global** issues.

환경 문제의 대부분은 세계적인 문제다.

prolong
[prouló:ŋ]

동 연장하다

◆ prolonged 형 장기의

|관련어| • lengthen(연장하다)

☐ The meeting was **prolonged** into the evening.
회의는 저녁까지 연장되었다.

luggage
[lʌ́gidʒ]

명 수화물

|관련어| • baggage(수화물)

※ luggage, baggage는 모두 셀 수 없는 명사.

☐ If you have a lot of **luggage**, it will be difficult to travel by bus.
짐이 많으면 버스로 여행하기가 힘들 것이다.

rapidly
[rǽpidli]

부 급히

◆ rapidity 명 급속, 신속   ◆ rapid 형 급한, 빠른

|관련어| • quickly(급히= fast)

☐ The standard of living improved **rapidly** after World War II.
2차 세계대전 이후 생활수준이 급격히 향상되었다.

anticipate
[æntísəpèit]

동 예상하다

◆ anticipation 명 예상, 기대

|관련어| • expect(예상하다)   • predict(예측하다= forecast)

☐ I did not **anticipate** this much trouble.
이런 많은 문제가 일어나리라곤 미처 예상 못했다.

demand
[dimǽnd]

명 수요, 요구   동 요구하다

|관련어| • demanding(지나치게 요구하는, 힘든)

☐ There is a great **demand** for the machine.
그 기계는 많은 수요가 있다.

solve

[salv]

동 해결하다

◇ solution 명 해결책

|관련어| · resolve(해결하다)

☐ John is smart enough to **solve** that problem.

존은 그 문제를 풀 수 있을 만큼 똑똑하다.

object

[əbdʒékt]

동 반대하다

명 [ábdʒikt] **물체, 목적**

◇ objection 명 반대, 이의

◇ objective 명형 목적; 객관적인

◇ objectively 부 객관적으로

☐ We must **object** to that policy.

우리는 그 정책에 반대해야 한다.

defect

[dífekt]

명 결함

동 [difékt] **변절하다**

◇ defective 형 결함이 있는

|관련어| · flaw(결함)

· defective product(결함 상품)

☐ They found a **defect** in the new model.

그들은 새 모델에서 결함을 발견했다.

short

[ʃɔːrt]

형 **짧은, 부족한, 불충분한**

◇ shortage 명 부족

◇ shorten 동 줄이다

◇ shortly 부 곧, 간단히

|관련어| · short of ~(~이 부족하다)

☐ We are **short** of money now.

우린 지금 돈이 부족하다.

durability
[djùərəbíləti]
▮▮▮▮

명 내구성

◇ durable 형 내구력 있는   ◇ durably 부 튼튼하게

|관련어| • durable goods(내구재)

☐ We need a component of high **durability**.
우리는 내구성이 좋은 부품이 필요하다.

fame
[feim]
▮▮▮▮

명 명성

◇ famous 형 유명한

☐ Her **fame** was damaged by the scandal.
그녀의 명성은 그 스캔들로 손상을 입었다.

labor
[léibər]
▮▮▮▮

명 노동

◇ laborious 형 힘 드는

☐ We need to cut **labor** costs to stay competitive.
우리는 경쟁력을 유지하기 위해 인건비를 줄일 필요가 있다.

strategy
[strǽtədʒi]
▮▮▮▮

명 전략

◇ strategic 형 전략적인

|관련어| • tactics(전술)

☐ The company adopted a back-to-basics **strategy**.
회사는 기본으로 되돌아가는 전략을 채택했다.

topic
[tápik]
▮▮▮▮

명 화제

◇ topical 형 시사적인, 화제의

|관련어| • theme(주제, 화제)

☐ Newspapers discuss the **topics** of the day.
신문들은 당일의 화제들에 대해 논한다.

likelihood

[láiklihùd]
||||

명 가능성

◇ likely 형 있음직한

☐ There is a strong **likelihood** that the plan will fail.
그 계획은 실패할 가능성이 높다.

properly

[prápərli]
|||

부 적절하게

◇ proper 형 적정한

☐ He could answer the question **properly**.
그는 그 질문에 적절하게 대답할 수 있었다.

slightly

[sláitli]
||||

부 조금

◇ slight 형 적은

☐ The book was **slightly** difficult for me, but I finished it.
그 책은 내겐 좀 어려웠지만 다 읽었다.

opportunity

[àpərtjú:nəti]
||||

명 기회, 호기

◇ opportune 형 절호의, 시의적절한
◇ opportunism 명 기회주의
|관련에| • chance(기회)

☐ You have the **opportunity** to become incredibly rich.
당신은 믿을 수 없을 만큼 큰 부자가 될 기회를 맞았다.

tradition

[trədíʃən]
||||

명 전통

◇ traditional 형 전통적인
◇ traditionally 부 전통적으로

☐ The ceremony was carried out following the **tradition**.
그 의식은 전통에 따라 거행되었다.

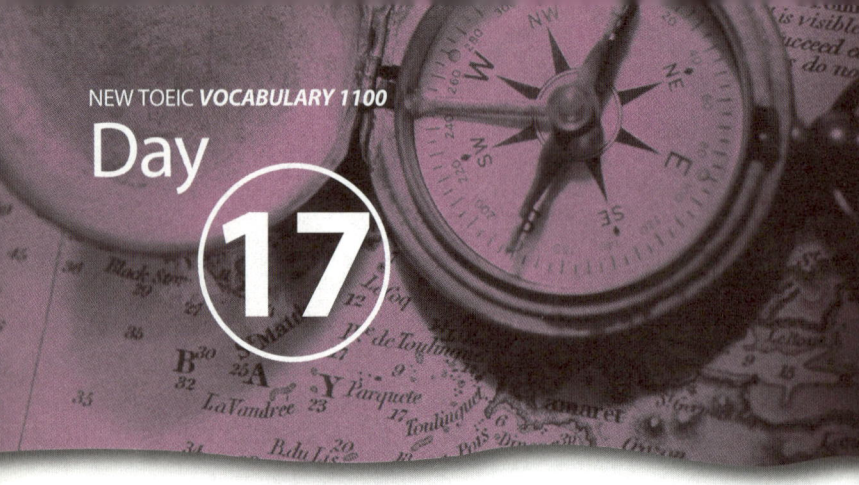

NEW TOEIC *VOCABULARY 1100*

Day

(17)

---

debt

[det]

▌▌▌▌

명 채무, 빚

◇ debtor 명 채무자

|관련어| • indebted(신세를 진)

☐ Even though sales have been improving, we are still in **debt**.
매출은 회복되고 있지만 우리는 아직 적자이다.

---

disrupt

[disrʌ́pt]

▌▌▌▌

동 혼란에 빠뜨리다, 중단시키다

◇ disruption 명 혼란, 중단

◇ disruptive 형 혼란을 초래하는, 파괴적인

☐ A heavy snow had **disrupted** the city's transport system.
폭설이 그 도시의 운송 체계를 혼란에 빠뜨렸다.

---

accident

[ǽksid∂nt]

▌▌▌▌

명 사건, 사고

◇ accidental 형 우연한   ◇ accidentally 부 우연히

|관련어| • by accident(우연히)

• deliberately(고의적으로= intentionally, on purpose)

☐ We are investigating the cause of the **accident**.
우리는 그 사고의 원인을 상세히 조사하고 있다.

---

152 NEW TOEIC *VOCABULARY 1100*

apologize

[əpálədʒàiz]

동 사과하다

※ 사과의 이유는 전치사 for로, 사과의 상대는 전치사 to로 나타낸다.
  ◈ apology 명 사죄   ◈ apologetic 형 유감으로 여기는

☐ I **apologize** to you all for what I said.
제 말에 대해 여러분 모두에게 사과드립니다.

neighbor

[néibər]

명 이웃 사람
동 인접하다

  ◈ neighborhood 명 지역, 근처
  ◈ neighboring 형 인접한

☐ We happened to run into a **neighbor** at the airport.
우리는 공항에서 우연히 이웃 사람과 만났다.

headquarters

[hédkwɔ̀:rtərz]

명 본사, 사령부

※ 단수형에도 s가 붙는다. Our headquarters are ~라고 해도 좋다.
|관련어| • branch(지사)

☐ Tom was assigned to the **headquarters** in London.
톰은 런던 본사에 배속되었다.

aspect

[ǽspekt]

명 (문제, 사태 등의) 국면, 외견

|관련어| • side(측면)

☐ We can't ignore the financial **aspect** of this issue.
이 문제의 재정적인 측면을 무시할 수 없다.

paperwork

[péipərwə̀:rk]

명 문서업무, 사무절차

☐ The **paperwork** takes about two weeks to complete.
서류 작업을 완료하는 데는 약 2주가 소요된다.

private

[práivit]
▪▍▍▍

형 사적인, 사설의, 비밀의

◇ privacy 명 사생활　　◇ privatize 동 사유화하다
◇ privately 부 개인으로서, 남몰래
|관련어| • in private(은밀히, 관계자만으로)

☐ I had a **private** conversation with my supervisor.
나는 상사와 밀담을 했다.

rent

[rent]
▪▍▍▍

명 집세, 사용료, 임차료
동 빌리다, 임대하다

|관련어| • rental(임대료, 임차물)　　• rent-a-car(렌터카)

☐ The **rent** includes all utilities.
집세에는 공공요금이 포함되어 있다.

employ

[emplɔ́i]
▪▍▍▍

동 고용하다, 사용하다

◇ employment 명 고용, 사용　　◇ employee 명 종업원
◇ employer 명 고용자

☐ Manufacturing **employs** a quarter of the local workforce.
제조업은 그 지역 노동인구의 1/4을 고용하고 있다.

occupy

[ákjəpài]
▪▍▍▍

동 차지하다, 사용하다

◇ occupation 명 직업, 점유　　◇ occupancy 명 점유, 사용
◇ occupant 명 임차인, 거주자　　◇ occupational 형 직업의

☐ The desk **occupied** a large part of the room.
그 책상은 방의 대부분을 차지하고 있다.

host

[houst]
▪▍▍▍

동 주최하다, 사회를 보다, 접대하다
명 주인, 주최자, 사회자

☐ In 2002, Korea **hosted** the 17th World Cup with Japan.
한국은 2002년 제 17회 월드컵을 일본과 함께 주최했다.

principal

[prínsəpəl]

형 주요한
명 사장, 교장

관련어 • main(주요한)

☐ The **principal** guests were greeted on arrival by the Mayor of London.
귀빈들은 도착과 동시에 런던시장의 영접을 받았다.

estate

[istéit]

명 토지, 사유지, 재산

관련어 • real estate(부동산= property)
• real estate agent(부동산 중개인)
• personal estate(동산)

☐ He owns considerable real **estate**.
그는 상당한 부동산을 소유하고 있다.

assess

[əsés]

동 평가하다, 사정하다

◈ assessment 명 평가   ◈ assessable 형 평가할 수 있는

☐ The committee **assessed** the price of the property.
그 위원회는 그 부동산의 가격을 평가했다.

community

[kəmjúːnəti]

명 [공동] 사회, 지역 사회

관련어 • international community(국제 사회)

☐ He contributes a lot to his **community**.
그는 자신의 지역사회에 많이 기여하고 있다.

reward

[riwɔ́ːrd]

명 보수, 사례금
동 보답하다, 보수를 주다

◈ rewarding 형 보답이 있는

☐ The **reward** for his hard work was a promotion.
그가 열심히 일한 보수는 승진이었다.

resign

[rizáin]

▮▮▮▮

동 그만두다, 사직하다

◇ resignation 명 사직, 체념
◇ resigned 형 묵묵히 순종하는, 체념한

관련어 • retire(퇴직하다)　　• leave(그만두다)
　　　　• quit(사직하다)　　• step down(사임하다)

☐ I won't **resign** my position.
나는 내 자리에서 물러나지 않을 것이다.

condition

[kəndíʃən]

▮▮▮▮

명 상태, 사정, 조건
동 조건을 붙이다, 컨디션을 조정하다

◇ conditional 형 조건부의
◇ conditionally 부 조건부로

관련어 • weather conditions(날씨)

☐ The wheat crop in this region is in good **condition**.
이 지역의 밀 작황은 양호한 상태이다.

eliminate

[ilímənèit]

▮▮▮▮

동 제거하다, 삭제하다

◇ elimination 명 제거, 삭제

☐ The quality control process did not completely **eliminate** defective products.
그 품질관리 과정은 불량품을 완벽하게 제거하지는 못했다.

purchase

[pə́ːrtʃəs]

▮▮▮▮

동 구입하다, 얻다
명 구입, 산 물건

◇ purchasing 형 구매의

관련어 • buy(사다)　　• purchasing power(구매력)

☐ We are going to **purchase** 500 units.
우리는 500개를 구입할 작정이다.

significant

[signífikənt]
IIIII

형 중요한, 상당한

◇ significance 명 중요성, 의미
◇ signify 동 나타내다, 중대성이 있다
◇ significantly 부 현저하게(= substantially, considerably)

☐ Has there been any **significant** change in the stock market?
　주식 시장에 무슨 중요한 변화가 있었습니까?

temperature

[témpərətʃər]
II

명 기온

☐ The **temperature** went up as high as 35 degrees centigrade.
　기온은 섭씨 35도까지 치솟았다.

perform

[pərfɔ́ːrm]
IIIII

동 수행하다, 상연[연주]하다

◇ performance 명 공연, 연주, 연기
◇ performer 명 연주자, 연기자

☐ The branch manager **performs** a number of functions.
　지점장은 많은 업무를 수행하고 있다.

product

[prádəkt]
IIIII

명 제품, 생산물

◇ produce 동 제조하다, 이익을 낳다
◇ production 명 생산[량], 제품
◇ productive 형 생산적인

☐ The store started to sell the new **product**.
　그 가게는 새 제품을 팔기 시작했다.

design

[dizáin]
IIIII

동 디자인하다, 설계하다
명 디자인, 도안, 설계도

☐ This device is **designed** to detect smoke.
　이 장치는 연기를 감지하도록 디자인되었다.

circumstance

[sə́ːrkəmstæns]
||||

☐ I have no choice under the **circumstances**.
이런 상황에서는 어쩔 방법이 없다.

case

[keis]
||||

명 경우, 상황, 사건, 병증, 환자, 소송

관련어 • in case(만일의 경우에 대비하여)
    • in case of ~(~의 경우에는)

☐ Do not use the elevators in **case** of fire.
화재가 났을 때는 엘리베이터를 사용하지 마세요.

reimburse

[rìːimbə́ːrs]
||||

동 갚다, 상환하다

◇ reimbursement 명 변제, 상환
관련어 • refund(갚다)

☐ The airline **reimbursed** me for the amount they had overcharged me.
그 항공사는 내게 부당하게 요구했던 액수를 변상했다.

award

[əwɔ́ːrd]
||||

명 상, 상품, 장학금
동 (상을) 주다

관련어 • prize(상)

☐ Five companies have been nominated for the **award**.
5개사가 그 상의 후보로 올랐다.

suppose

[səpóuz]
||||

동 ~라고 생각하다, 가정하다

◇ supposition 명 상상, 가정
관련어 • be supposed to ~(~하기로 되어 있다)

☐ I **suppose** we cannot go without her.
그녀 없이는 갈 수 없을 것 같다.

superior

[səpíəriər]

형 뛰어난, 상위의

※ 뒤에는 전치사 to가 온다.
◇ superiority 명 우월
|관련어| • inferior(열등한)

☐ Our printer is **superior** to theirs.
우리 프린터는 그들 프린터보다 우수하다.

regret

[rigrét]

동 유감으로 생각하다, 후회하다
명 후회

◇ regretful 형 후회하는, 유감으로 여기는
◇ regrettable 형 유감스러운
◇ regrettably 부 유감스럽게

☐ I **regret** to tell you but your request has been turned down.
유감스럽지만, 당신 요청은 거절되었습니다.

document

[dάkjəmənt]

명 [공]문서, 서류, 기록
동 [dάkjəmènt] 문서로 증명하다

◇ documentary 형 문서의, 기록에 의한
|관련어| • official document(공문서)　　　• paper(서류)

☐ They made multiple copies of the **documents**.
그들은 그 문서의 사본을 여러 장 만들었다.

succeed

[səksí:d]

동 성공하다, 계속하다, 계승하다

◇ success 명 성공, 성취　　◇ succession 명 연속, 계승
◇ successful 형 성공한　　◇ successive 형 연속하는
◇ successfully 부 성공적으로　　◇ successively 부 연속적으로
|관련어| • unsuccessful(성공하지 못한)
　　　　• successor(후계자, 계승자)

☐ He **succeeded** in changing the president's mind.
그는 사장의 생각을 바꾸는데 성공했다.

NEW TOEIC ***VOCABULARY 1100***

Day 18

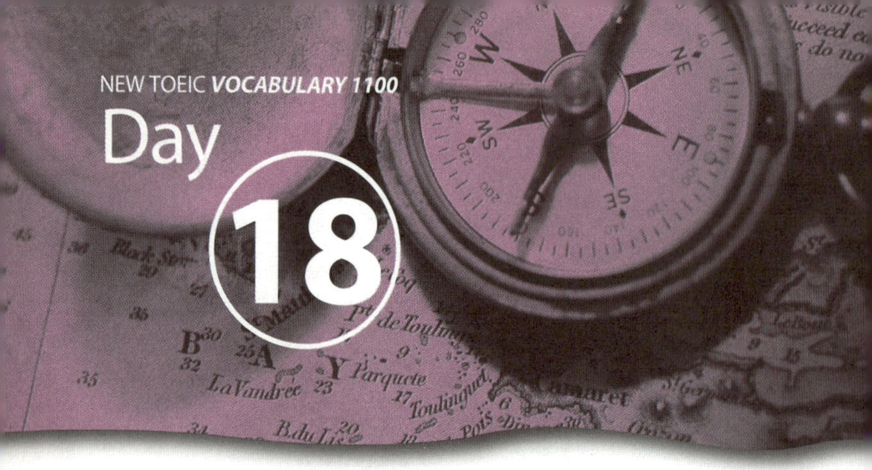

subscribe
[səbskráib]

동 정기구독하다, 서명하다, 기부하다

※ 뒤에는 전치사 to가 온다.

◈ subscription 명 정기구독, 서명, 기부

◈ subscriber 명 정기구독자

☐ The student **subscribes** to women's magazines.
그 학생은 여성 잡지들을 정기 구독한다.

track
[træk]

동 추적[탐지]하다

명 철도 선로, 길, 육상경기

|관련어|
- on the right track(올바른 방향으로)
- keep track of ~(~의 자국을 뒤밟다)

☐ Our attempts to **track** the missing shipments have not succeeded yet.
분실된 물건을 추적하고 있지만 아직 성과를 거두지 못했다.

prize
[praiz]

명 상

☐ He won first **prize** in the speech contest.
그는 웅변 대회에서 우승했다.

initiative

[iníʃiətiv]

명 개시, 선수, 자주성

◈ initiate 동 시작하다
◈ initiator 명 선도자
관련어 • take the initiative(앞장서서 ~하다)

☐ Eric took the **initiative** in raising the fund.
에릭은 그 자금을 앞장서서 모았다.

declare

[diklέər]

동 신고하다, 선언하다

◈ declaration 명 신고, 선언

☐ I forgot to **declare** the wine I bought in the country.
나는 그 나라에서 산 와인을 신고하는 것을 잊었다.

grand

[grænd]

형 웅대한, 성대한, 멋진

☐ I won't forget the **grand** sight of mountains for a long time.
나는 그 산의 장관을 오랫동안 잊지 못할 것이다.

quick

[kwik]

형 빠른, 성미 급한
부 빨리, 신속하게

◈ quicken 동 빠르게 하다
◈ quickly 부 빨리, 급히(= promptly, rapidly)

☐ I don't want to make a **quick** decision.
급한 결론은 내고 싶지 않다.

component

[kəmpóunənt]

명 부품, 성분, 요소

관련어 • parts(부품)

☐ We have to order the **components** for your car.
우리는 당신 자동차의 부품들을 주문해야 한다.

ingredient
[ingrí:diənt]
▮▮▮

명 재료, 성분

※ '~의 재료'의 의미로 쓰이면 뒤에 오는 전치사는 in, of, for가 가능하다.

☐ The label indicates all the **ingredients** in the biscuits.
라벨에 비스킷의 모든 재료가 표시되어 있다.

account
[əkáunt]
▮▮▮▮

명 예금[계좌], 설명
동 설명하다

◇ accountant 명 회계사, 경리담당자
◇ accounting 명 회계[학]
◇ accountable 형 설명할 수 있는

☐ I just withdrew five hundred dollars from my **account**.
나는 계좌에서 5백달러를 막 인출했다.

result
[rizʌ́lt]
▮▮▮▮

명 결과, 성과
동 ~으로 끝나다(in), ~에 기인하다(from)

◇ resultant 형 결과로서 생기는
|관련어| • as a result of ~(~의 결과로서)

☐ We will post the **results** on our Web site.
그 결과를 우리 웹 사이트에 게시하겠습니다.

senior
[sí:jər]
▮▮▮▮

동 연상의, 선임의
명 연장자, 선배

◇ seniority 명 연상, 선임자
|관련어| • senior citizen(고령자)
• senior trip(졸업여행)
• junior(연하의, 하위의, 후배의)

☐ Mr. Williams is my **senior** associate.
윌리엄즈 씨는 내 상사다.

mature

[mətʃúər]

형 성숙한, 성장한, 지불기일이 된
동 성장하다, 성숙하다

◇ maturity 명 성숙, 만기

|관련어| • premature(조숙한) • immature(미숙한)

☐ We're in a very **mature** business. If we're going to grow, we need to expand into new fields.

우리는 충분히 성숙된 사업에 종사하고 있다. 만약 규모를 더 키우고 싶다면, 새로운 분야로 진출할 필요가 있다.

strength

[streŋkθ]

명 힘, 세력

◇ strengthen 동 강화하다   ◇ strong 형 강한
◇ strongly 부 강하게

☐ The hurricane traveled northward, losing **strength** when it reached land.

허리케인은 육지에 도달하면서 세력이 약화돼 북쪽으로 이동했다.

retail

[rí:teil]

명 소매   동 소매하다
형 소매의

◇ retailer 명 소매업자

|관련어| • wholesale(도매, 도매의)

☐ **Retail** banking is very important for our bank.

소매 금융은 우리 은행에 매우 중요하다.

select

[silékt]

동 고르다, 선발하다
형 선택된, 뽑힌

◇ selection 명 선택, 정선   ◇ selective 형 선택적인

|관련어| • choose(고르다)

☐ They **selected** three candidates to interview.

그들은 면접으로 3명의 지원자를 선발했다.

core

[kɔːr]
||||

형 주요한
명 속, 중심

|관련어| • main(주요한)
• core curriculum(중핵 교육과정)

☐ The company's **core** business is automotive mirrors.
그 회사의 주요 사업은 자동차용 거울 생산이다.

manual

[mǽnjuəl]
||||

명 안내서
형 손의, 수동식의

☐ He fixed the copy machine using the **manual**.
그는 설명서를 이용해 그 복사기를 수리했다.

facility

[fəsíləti]
||||

명 쉬움, 솜씨, 재능, 〈복수형으로〉 설비, 시설, 편의

◇ facilitate 동 쉽게 하다, 촉진하다

☐ We have good **facilities** at our sports club.
우리 스포츠 클럽에는 멋진 설비들이 있다.

invoice

[ínvɔis]
||||

명 청구서, 송장   동 송장을 작성하다

|관련어| • bill(청구서)

☐ Please send the **invoice** to my client.
제 의뢰인에게 청구서를 보내주세요.

quantity

[kwántəti]
||||

명 양, 수량

◇ quantify 동 수치로 나타내다
◇ quantitative 형 양적인
|관련어| • quality(질)

☐ We are looking for quality rather than **quantity**.
우리는 지금 양보다 질을 추구하고 있다.

innovation

[ìnou̯véiʃən]

명 혁신, 쇄신

◇ innovator 명 혁신자　　　◇ innovate 동 혁신하다
◇ innovative 형 혁신적인

☐ There were many **innovations** in printing methods.
　인쇄술에 많은 혁신이 있었다.

unable

[ʌnéibəl]

형 ~할 수 없는

※ un-은 반대의 의미를 나타내는 접두사.
관련어 • unable to(~할 수 없다)　　• able(~할 수 있는)

☐ Bill is **unable** to read and write.
　빌은 읽고 쓰지를 못한다.

available

[əvéiləbəl]

형 입수할 수 있는, 이용할 수 있는

◇ availability 명 이용, 입수가능성
관련어 • unavailable(구할 수 없는)

☐ We will mail you a catalog when it becomes **available**.
　카탈로그가 나오면 우송해 드리겠습니다.

afford

[əfɔ́:rd]

동 ~할 수 있다, 여유가 있다

※ can이나 could 뒤에 온다.
◇ affordable 형 구입할 수 있는, 감당할 수 있는

☐ We can't **afford** to buy a foreign car.
　우린 외제차를 살 여유가 없다.

capital

[kǽpitl]

명 자본[금], 수도, 대문자　　형 주요한, 대문자의

◇ capitalize 동 자본화하다, 대문자로 쓰다

☐ We need a lot of **capital** to start a business.
　사업을 시작하는 데는 많은 자본이 필요하다.

tool

[tu:l]

▮▮▮▮

명 도구, 수단

☐ English is one of the most useful **tools** to communicate with people around the world.
영어는 세상 사람들과 의사소통하기 위한 가장 유용한 도구 중 하나이다.

accept

[æksépt]

▮▮▮▮

동 받아들이다, 수락하다

◇ acceptance 명 받아들임, 수락
◇ acceptable 형 받아들일 수 있는, 수락할 수 있는

☐ My proposal was **accepted**.
내 제안은 받아들여졌다.

receive

[risí:v]

▮▮▮▮

동 받다, 수령하다, 수용하다

◇ reception 명 수령, 접수
◇ receptive 형 수용력이 있는, 이해력이 있는

관련어 • receipt(영수증)
• receptionist(접수원)
• recipient(수령자, 수취인)

☐ We have **received** a favorable response from customers.
우리는 고객들로부터 호의적인 반응을 얻었다.

mechanic

[məkǽnik]

▮▮▮▮

명 기계공, 수리공

◇ machine 명 기계(셀 수 있는 명사)
◇ machinery 명 기계(셀 수 없는 명사)
◇ mechanism 명 장치, 구조
◇ mechanical 형 기계적인
◇ mechanically 부 기계적으로

☐ He contacted a car **mechanic** he knew.
그는 자신이 아는 차 수리공에게 연락했다.

material

[mətíəriəl]

명 자료, 소재, 원료, 〈복수형으로〉 용구
형 물질의

◇ materialize 동 구체화하다, 실현하다

☐ I gathered all the **materials** I could get.

나는 가능한 한 많은 자료를 모았다.

session

[séʃən]

명 회기, 수업

☐ The bill will be discussed in the next **session** of the National Assembly.

그 법안은 다음 국회 회기에서 심의될 것이다.

vehicle

[víːikəl]

명 탈것, 수송 수단, 매체

관련어 • car(차= automobile)
• vehicle currency(국제 거래통화)

☐ Do you know the name of the **vehicle** over there?

저기에 있는 탈것의 이름을 아세요?

consent

[kənsént]

명 동의, 승인
동 승낙하다

☐ We will proceed with your **consent**.

당신이 동의해 주면 진행하겠습니다.

confer

[kənfə́ːr]

동 협의하다, 수여하다

◇ conferee 명 의논 상대, 수령자
◇ conference 명 회의

☐ I'd like to **confer** with my lawyer.

내 변호사와 협의하고 싶습니다.

---

revenue

[révənjù:]
‖‖‖‖

몡 세입, 수입

▌관련어 • expenditure(세출, 지출)

☐ The **revenue** of the city has been decreasing because of the recession.

불황으로 그 시의 세입이 감소하고 있다.

---

attend

[əténd]
‖‖‖‖

동 출석하다, 수반하다

◆ attendance 몡 출석, 시중
◆ attendee 몡 출석자
◆ attendant 형몡 시중드는; 수행원

☐ All of the employees **attended** the special meeting.

모든 직원들은 그 특별 회의에 출석했다.

---

amend

[əménd]
‖‖‖‖

동 개정하다, 수정하다

◆ amendment 몡 개정, 수정   ◆ amendatory 형 수정의

☐ They **amended** their training program this year.

그들은 올해 연수 프로그램을 개정했다.

convention

[kənvénʃən]

명 회의, [당] 대회, [정기] 총회

◇ convene 동 소집하다, 회합하다
◇ conventional 형 전통적인, 재래식 무기의

☐ I'm attending a sales **convention** this Friday.

나는 이번 금요일에 판매 회의에 참석한다.

pursue

[pərsú:]

동 추구하다, 수행하다, 종사하다

◇ pursuit 명 추구, 추적, 취미

☐ We must **pursue** our aims with vigor.

우리는 정력적으로 목표를 추구해야 한다.

fragile

[frǽdʒəl]

형 깨지기 쉬운

◇ fragility 명 깨지기 쉬움

☐ You have to handle the model carefully because it's **fragile**.

깨지기 쉬우니까 그 모형은 주의해서 다루어야 한다.

endeavor

[endévər]

명 노력, 시도
동 노력하다

☐ The country's space program was an expensive **endeavor**.

그 나라의 우주 계획은 돈이 드는 시도였다.

period

[píəriəd]

명 기간, 시대

◇ periodical 명형 정기간행물[의]
◇ periodic 형 정기적인
◇ periodically 부 정기적으로

☐ The report was compiled over a long **period** of time.

그 보고서는 장시간에 걸쳐 작성되었다.

advance
[ədvǽns]
▯▯▯▮

동 전진하다, 승진하다, 앞당기다, 선불하다
명 전진, 선불
형 전진한, 전의

◇ advancement 명 전진, 진보, 선불
◇ advanced 형 상급의, 고등의
|관련어| • in advance(미리, 사전에)

☐ Can you **advance** me one thousand dollars on my salary?
천 달러만 봉급에서 가불해 주시겠어요?

mobile
[móubəl]
▯▯▯▯

형 이동하기 쉬운

◇ mobility 명 이동성

☐ You can reach me at my e-mail and my **mobile** phone.
제 이메일과 휴대전화로 연락하시면 됩니다.

schedule
[skédʒu(:)l]
▯▯▯▯

명 예정, 시각표
동 〈수동태로〉 예정하다

|관련어| • behind schedule(예정보다 늦게)

☐ I didn't know we had a meeting **scheduled** today.
오늘 예정된 회의가 있는 것을 몰랐다.

income
[ínkʌm]
▯▯▯▯

명 소득, 수입

|관련어| • revenue(수입)
• expenditure(지출)
• income tax(소득세)
• income tax return(소득세 신고)
• gross[net] income(총[실]소득)

☐ I can't support my family on my present **income**.
현재의 수입으로는 가족을 부양할 수 없다.

perspective

[pəːrspéktiv]

명 관점, 시야, 전망

|관련어| • viewpoint(관점= point of view)

☐ His **perspective** of the American economy is different from mine.
미국 경제에 대한 그의 관점은 나와 다르다.

experiment

[ikspérəmənt]

명 실험, 시험

동 [ikspérəmènt] **실험[시험]하다**

◈ experimental 형 실험의, 실험적인
◈ experimentally 부 실험적으로

☐ The engineers did **experiments** on the car.
기술자들은 그 차에 관해 실험을 했다.

sample

[sǽmpəl]

명 견본, 실례

동 견본을 뽑다, 실례가 되다

☐ Are you going to send the **samples**, or bring them back with you?
샘플을 보내 줄 겁니까, 아니면 직접 갖고 올 겁니까?

edition

[edíʃən]

명 (서적이나 신문의) 판

◈ editorial 명형 사설; 편집의   ◈ editor 명 편집자, 교정자
◈ edit 동 편집[교정]하다
|관련어| • editor in chief(편집장)

☐ The book reached its fourth **edition**.
그 책은 4판에 이르렀다.

orientation

[ɔ̀ːrientéiʃən]

명 오리엔테이션, 신조, 방침

◈ orient 동 향하게 하다, 위치를 확정하다

☐ All new employees must attend the **orientation** being held this week.
모든 신입사원은 이번 주에 열리는 오리엔테이션에 참가해야 한다.

either

[íːðər]

▥▥▥

형 ~이든 아니면, (둘 중) 어느 한쪽의

관련어 • either A or B(A 또는 B)
• both A and B(A와 B 둘 다)
• neither A nor B(A도 B도 아니다)

☐ A newspaper is published **either** every day from Monday to Saturday or every Sunday.

신문은 월요일부터 토요일까지 발행되든지 매주 일요일마다 발행된다.

unusual

[ʌnjúːʒuəl]

▥▥▥

형 정상이 아닌, 유별난

◇ unusually 부 비정상적으로, 유별나게
◇ usually 부 보통, 대개
관련어 • usual(보통의)

☐ Hawaii's history and people are as **unusual** as its land.

하와이의 역사와 주민들은 그 땅만큼이나 독특하다.

demonstrate

[démənstrèit]

▥▥▥

동 증명하다, 실연하다, 시위하다

◇ demonstration 명 증명, 실연, 시위
◇ demonstrator 명 데모 참가자, 증명인, 전시품
◇ demonstrative 형 노골적인, 예증적인

☐ He **demonstrated** a new model of computer.

그는 컴퓨터 신기종을 실연해 보였다.

practice

[prǽktis]

▥▥▥

동 연습하다, 행하다
명 연습, 실천, 관습

◇ practical 형 실용적인
◇ practically 부 실제적으로, 사실상
관련어 • in practice(실제로)

☐ We **practiced** very hard for the concert.

우리는 그 콘서트를 위해 매우 열심히 연습했다.

carry
[kǽri]

동 팔고 있다, 운반하다, 실행에 옮기다

☐ The gift shop **carries** unique jewelry made of seashells.
그 선물 가게에서는 조개로 만들어진 진기한 장신구를 팔고 있다.

stack
[stæk]

명 더미
동 쌓아올리다

|관련어| • pile(더미; 쌓아올리다)

☐ I have **stacks** of work to get through.
끝내야 할 일이 산더미처럼 쌓여있다.

exhaust
[igzɔ́ːst]

동 다 써버리다, 지치게 하다
명 배기 [가스]

◇ exhaustion 명 피로   ◇ exhausted 형 지친

☐ She **exhausted** all her energy in dealing with the problem.
그녀는 그 문제를 처리하는데 모든 힘을 다 썼다.

sign
[sain]

동 서명하다, 신호하다
명 신호, 표시, 징조

◇ signature 명 서명

☐ I **signed** a contract with my employer.
나는 고용주와의 계약에 서명했다.

attempt
[ətémpt]

동 시도하다   명 시도

◇ attempted 형 미수의
|관련어| • try(시도하다)

☐ We are **attempting** to buy out an American company.
우린 지금 한 미국 기업을 매수하려 하고 있다.

wish

[wiʃ]
▮▮▮▮

동 ~하고 싶어 하다, 바라다, 원하다
명 바람, 희망

|관련어| • wishful thinking(희망적 관측)

☐ Do you **wish** to make any further comment?
더 하시고 싶은 말씀이 있습니까?

familiar

[fəmíljər]
▮▮▮▮

형 잘 아는, 익숙한, 친근한

◇ familiarize 동 익숙하게 하다, 정통하다
◇ familiarity 명 숙지, 친밀함
|관련어| • familiar to ~(~에 친숙하다)
      • familiar with ~(~에 정통하다)

☐ That film director's name is quite **familiar** to me.
그 영화 감독의 이름은 내게 아주 친숙하다.

wear

[wɛər]
▮▮▮▮

동 입다, 써서 닳게 하다
명 착용, 의류, 마모

※ wear는 입고 있는 상태를 나타내고 put on/put off는 동작을 나타낸다.
◇ worn 형 닳아빠진, 야윈
|관련어| • wear and tear(소모, 마멸)

☐ What shall I **wear** to the party?
파티에는 무엇을 입고 갈까요?

wonder

[wʌ́ndər]
▮▮▮▮

동 ~이 아닐까 생각하다
명 놀랄 만한 것

◇ wonderful 형 훌륭한, 이상한
|관련어| • I wonder if you ~ (~해 주시겠습니까?)
      = I was wondering if ~ , I'm wondering if ~

☐ I was **wondering** if you could join us for lunch.
점심식사를 함께 해 주시겠습니까?

pour

[pɔːr]

동 붓다, 쏟다, 억수같이 내리다
명 주입, 유출, 폭우

|관련어| • pour A into B(A를 B에 따르다)

☐ Shall I **pour** you some more coffee?
커피를 좀 더 부어 드릴까요?

generous

[dʒénərəs]

형 관대한, 아량이 있는

◈ generosity 명 관대함   ◈ generously 부 관대하게

☐ A **generous** discount is the chief selling point of the book club.
대폭적인 할인이 그 북 클럽의 가장 큰 매력이다.

totally

[tóutəli]

부 전적으로, 아주

◈ total 동·명·형 합계하다; 합계; 총계의
|관련어| • totality(전체)

☐ I'm **totally** disgusted with him.
그러면 정말 정나미가 떨어진다.

far

[fɑːr]

부 멀리 떨어져서, 훨씬, 몹시
형 먼, 현격한

|관련어| • near(가까이에)

☐ The town's crime rate is **far** below the national average.
그 마을의 범죄율은 전국 평균보다 훨씬 낮다.

issue

[íʃuː]

명 문제, 안건, 발행물
동 발행[출판]하다

|관련어| • latest issue(최신판)

☐ The conference focuses on environmental **issues**.
그 회의는 환경 문제에 초점을 맞추고 있다.

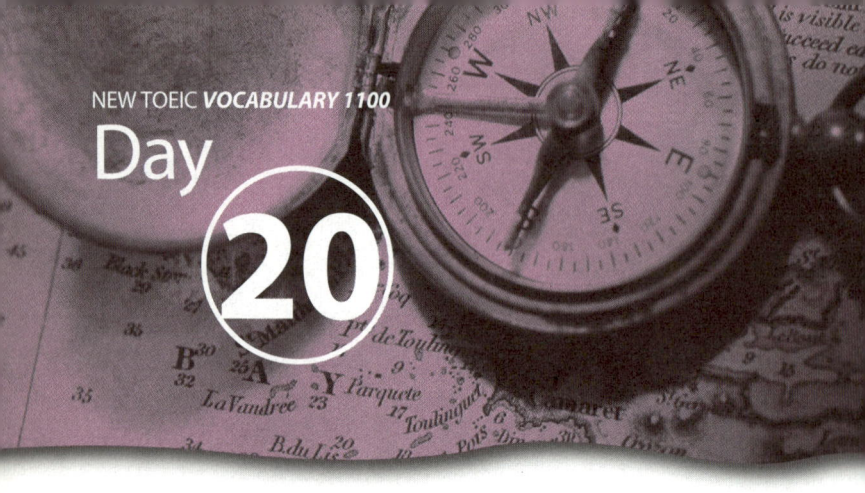

Day

20

---

beverage

[bévəridʒ]

⦀⦀

몡 음료

☐ The new **beverage** machine will be installed today.

신형 음료 판매기가 오늘 설치될 것이다.

---

modest

[mádist]

⦀⦀

혱 많지 않은, 적당한, 겸손한

◈ modesty 몡 겸손
◈ modestly 뷘 적당히, 조심성 있게

☐ I've saved a **modest** amount of money.

나는 많지 않은 돈을 저축했다.

---

load

[loud]

⦀⦀

됭 짐을 싣다, 장전하다
몡 적재량, 무거운 짐, 부담

◈ loaded 혱 짐을 실은, 장전된

|관련어| • unload(짐을 내리다)

☐ The truck was **loaded** with timber.

트럭에는 목재가 실려 있었다.

---

questionnaire

[kwéstʃənέər]
||||

명 질문사항, 앙케트 조사

◈ question 명동 질문; 질문하다

☐ What was the purpose of the **questionnaires**?
설문조사를 한 목적은 무엇이었습니까?

forward

[fɔ́:rwərd]
||||

동 전송하다
부 앞에, 전방에

|관련어| · look forward to ~(~을 고대하다)
　　　 · send forward ~(~을 미리 보내다)

☐ I will **forward** the e-mail if you would like.
괜찮으시다면 e메일을 보내드리겠습니다.

upcoming

[ʌ́pkʌ̀miŋ]
|||||

형 다가오는, 앞으로 올

※ come up(다가오다)에서 파생한 형용사.

☐ Please notify all distributors of the **upcoming** price hike.
앞으로 있을 가격 상승에 대해 모든 도매업자들에게 통보해 주세요

fond

[fɑnd]
||||

형 좋아하는, 애정이 담긴

◈ fondly 부 다정하게
|관련어| · be fond of ~(~을 좋아하다)

☐ We'll always have **fond** memories of London.
우리는 런던을 좋은 추억으로 간직할 것이다.

promise

[prámis]
||||

동 약속하다　명 약속

◈ promising 형 유망한

☐ The government **promised** a price reduction.
정부는 가격 인하를 약속했다.

pharmacy
[fáːrməsi]

명 약국, 약학

◇ pharmacist 명 약제사
◇ pharmaceutical 형 조제의, 제약의
|관련어| • chemist's(약국= drugstore)

☐ She studies science of **pharmacy** at the college to become a pharmacist.
그녀는 약제사가 되기 위해 대학에서 약학을 공부한다.

otherwise
[ʌ́ðərwàiz]

부 그렇지 않다면, 다른 점에서
형 다른

|관련어| • unless(그렇지 않다면)
• otherwise indicated[specified, stated](다른 주의
사항이 없는 한)

☐ You'd better go now, **otherwise** you'll miss the bus.
지금 가는 게 좋겠어요, 안 그러면 버스를 놓칠 겁니다.

amount
[əmáunt]

명 액수, 양, 총액
동 ~에 이르다, ~와 같다

|관련어| • total amount(합계액)
※ a large amount of+셀 수 없는 명사(다량의 ~)
a large number of+셀 수 있는 명사(다수의 ~)

☐ I still have a large **amount** of money in the bank.
나는 아직 은행에 많은 돈이 있다.

complicated
[kámpləkèitid]

형 복잡한, 알기 어려운

◇ complicate 동 복잡하게 하다
◇ complication 명 복잡화
|관련어| • complex(복잡한)

☐ The **complicated** drawing was difficult to understand.
그 복잡한 도면은 이해하기 어려웠다.

adopt

[ədápt]

동 채용하다, 양자로 삼다, 가결하다

◆ adoption 명 채용, 양자 결연

☐ Our company has recently **adopted** a five day week system.

우리 회사는 최근 주 5일 근무제를 채택했다.

break

[breik]

명 짧은 휴식, 중단
동 깨뜨리다, 어기다

◆ breakage 명 파손

|관련어| · breakdown(고장, 결렬, 쇠약)

· breakable(깨지기 쉬운= fragile)

☐ We took a **break** before starting the tour.

우리는 여행을 시작하기 전에 휴식을 취했다.

initial

[iníʃəl]

형 처음의, 어두의
명 〈복수형으로〉 머리글자

◆ initiate 동 시작하다   ◆ initially 부 처음에는

☐ Our **initial** plan was to establish a branch in Chicago.

우리의 당초 계획은 시카고에 지점을 개설하는 것이었다.

thankless

[θǽŋklis]

형 보람없는, 감사하지 않는

☐ Jin got tired of her **thankless** job and decided to quit.

진은 그 보람없는 일에 싫증이 나서 그만두기로 했다.

transfer

[trænsfɔ́ːr]

동 옮기다, 양도하다, 환승하다
명 [trǽnsfər] 이전, 양도, 전임

☐ We are **transferring** you to our New York branch.

당신을 뉴욕 지사로 전근시키려고 한다.

refer

[rifə́ːr]

〖동〗 참조하다, 언급하다

※ 전치사 to와 함께 쓰인다.
◈ reference 〖명〗 참조, 참고문헌, 언급, 추천서, 조회

☐ We **refer** to a dictionary to find the meaning of a word.
우리는 단어 뜻을 찾기 위해 사전을 참조한다.

travel

[trǽvəl]

〖동〗 여행하다   〖명〗 여행

◈ traveler 〖명〗 여행자
|관련어| • travel agent(여행사)

☐ Did you go to London during your **travels**?
여행 중에 런던에 갔었어요?

reject

[ridʒékt]

〖동〗 거절하다, 물리치다, 제거하다

◈ rejection 〖명〗 거절
|관련어| • turn down(거절하다= refuse)

☐ Her application to join the club was **rejected**.
그녀의 그 클럽 가입 신청은 거부되었다.

enormous

[inɔ́ːrməs]

〖형〗 거대한, 엄청난

◈ enormously 〖부〗 터무니없이, 대단히

☐ I have to finish an **enormous** amount of work by this weekend.
나는 이번 주말까지 엄청난 양의 일을 끝내야 한다.

irrelevant

[iréləvənt]

〖형〗 관련이 없는

◈ irrelevance 〖명〗 무관계
|관련어| • relevant(관련이 있는)

☐ His remark was totally **irrelevant** to the present investigation.
그의 의견은 현재의 조사와는 전혀 관계가 없었다.

tight
[tait]

형 여유가 없는, 꼭 끼는, 단단히 맨
부 단단히, 충분히

◇ tighten 동 꽉 죄다
◇ tightly 부 단단히

☐ I have a **tight** schedule on the weekend.
주말 일정에 여유가 없다.

rely
[rilái]

동 신뢰하다, 믿다

※ 주로 전치사 on과 함께 쓰인다.
◇ reliance 명 신뢰, 신용
◇ reliable 형 신뢰할 수 있는, 확실한

☐ We'll **rely** on you to help.
우리는 당신의 도움을 믿고 있을 겁니다.

strict
[strikt]

형 엄격한, 엄밀한

◇ strictly 부 엄격히
관련어 • stringent(엄한)
• strictly speaking(엄밀히 말하면)

☐ Products must conform to **strict** standards.
제품은 엄격한 기준에 합격해야 한다.

stimulate
[stímjəlèit]

동 자극하다, 활성화하다

◇ stimulation 명 자극
◇ stimulus 명 자극
◇ stimulant 명 흥분제
◇ stimulating 형 자극적인
◇ stimulative 형명 자극을 주는; 자극제

☐ The economists say that the policy will **stimulate** investment.
경제학자들은 그 정책이 투자를 자극할 것이라고 한다.

deliver

[dilívər]

통 연설하다, 배달하다

◇ delivery 명 강연, 배달, 출산

|관련어| • free delivery(무료 배달)

☐ I have to **deliver** a speech at the convention.

나는 회의에서 연설을 해야 한다.

study

[stʌ́di]

명 조사, 연구, 학습, 논문
통 공부하다

|관련어| • survey(조사= research)

☐ A few weeks ago, the United States Department of Education released a **study** of American adults.

몇 주 전에 미 교육부에서 미국 성인에 관한 한 조사 결과를 발표했다.

gather

[gǽðər]

통 모이다, 모으다

◇ gathering 명 모임, 회합

☐ Will you **gather** takeover information?

경영권 인수 정보를 수집해 주시겠어요?

delay

[diléi]

명 지연, 연기
통 지연시키다, 연기하다

※ 동사로 쓰일 때는 be delayed 형식으로 쓰일 때가 많다.

☐ A slight **delay** won't hurt our schedule.

약간의 지연은 우리 일정에는 영향이 없을 것이다.

fuel

[fjúːəl]

명 연료
통 연료를 공급하다

☐ The car consumes much **fuel**.

그 차는 많은 연료를 소모한다.

constraint

[kənstréint]

명 제한, 억제

◇ constrain 동 제한하다, 억제하다
◇ constrained 형 강요된
|관련어| • restriction(억제)

☐ Due to time **constraints**, we were not able to accomplish our goals for today's meeting.

시간 제한 때문에 우리는 오늘 회의 목표들을 달성할 수 없었다.

absent

[ǽbsənt]

형 결석[결근]의, 부재의, 멍한

◇ absence 명 결석, 결근, 부재
◇ absently 부 멍하니
|관련어| • present(출석한)
    • be absent from ~(~에 없다)

☐ He was **absent** from the meeting.

그는 회의에 불참했다.

translate

[trænsléit]

동 번역하다

◇ translation 명 번역
◇ translator 명 번역자
|관련어| • interpret(통역하다)

☐ Will you **translate** this document into English?

이 서류를 영어로 번역해 주시겠어요?

settle

[sétl]

동 해결하다, 정착하다, 결정하다

◇ settlement 명 해결, 이주
◇ settler 명 이주자, 조정자
◇ settled 형 정착한

☐ The dispute was **settled** in a way that was acceptable to both sides.

그 분쟁은 쌍방이 수락할 수 있는 방법으로 해결되었다.

obtain

[əbtéin]

IIII

동 얻다, 획득하다

◇ obtainment 명 입수
◇ obtainable 형 입수할 수 있는
|관련어| · get(얻다)

☐ He **obtained** great wealth through working hard.

그는 열심히 일해서 많은 재산을 모았다.

social

[sóuʃəl]

IIII

형 사회의

◇ society 명 사회, 단체   ◇ socialize 동 교제하다
◇ socially 부 사회적으로

☐ The **social** welfare policy of the current government has met severe criticism.

현정부의 사회복지 정책은 심한 비판을 받고 있다.

insert

[insə́:rt]

IIII

동 삽입하다
명 [ínsə:rt] 삽입[물]

◇ insertion 명 삽입, 삽입물

☐ I **inserted** a coin to get a can of Coke.

나는 콜라 한 캔을 사려고 동전을 넣었다.

effect

[ifékt]

IIII

명 효과, 영향, 〈복수형으로〉 소유물

◇ effectiveness 명 유효성
◇ effective 형 효과적인, 유효한
◇ effectively 부 효과적으로
|관련어| · affect(영향을 미치다)
· side effect(부작용)
· personal effects(소지품)

☐ The special offer is in **effect** now.

그 특별 가격은 현재 유효하다.

efficient

[ifíʃənt]

형 유능한, 효율적인

◇ efficiency **명** 능률, 효율
◇ efficiently **부** 효율적으로
|관련어| • energy efficient(연비가 좋은)

☐ I want an **efficient** person for the job.

나는 그 일에 적합한 유능한 사람을 원한다.

discount

[dískaunt]

명 할인

동 [diskáunt] 할인하다

|관련어| • discount rate(할인율)
• get a discount(할인받다)

☐ We get **discounts** when we buy materials in large quantities.

자재를 대량으로 구입하면 할인받을 수 있다.

tourism

[túərizəm]

명 관광 여행, 여행업

◇ tourist **명** 관광객
◇ tour **동명** 여행하다; 여행, 견학

☐ The **tourism** industry is Hong Kong's third largest foreign-exchange earner.

관광 산업은 홍콩의 세 번째 최대 외화 수입원이다.

extend

[iksténd]

동 펴다, 연장하다

◇ extension **명** 확장, 내선
◇ extent **명** 넓이, 정도, 범위
◇ extensive **형** 광범위한, 넓은
◇ extensively **부** 광범위하게

☐ Can you **extend** your stay by a few days?

체재를 2, 3일 더 연장할 수 있나요?

chemical
[kémikəl]

◈ 형 화학의, 화학적인
◈ 명 〈복수형으로〉 화학제품

◈ chemistry 명 화학
◈ chemist 명 화학자
|관련어| • agricultural chemical(농약)

☐ People are living next to **chemical** waste in many places.
사람들은 많은 곳에서 화학 폐기물 근처에 살고 있다.

establish
[istǽbliʃ]

◈ 동 설립하다, 확립하다

◈ establishment 명 설립, 기관, 권력층
◈ established 형 확립된, 기성의, 정평이 있는
|관련어| • found(설립하다)

☐ The institution was **established** in the 1960s.
그 시설은 1960년대에 설립되었다.

confident
[kánfidənt]

◈ 형 ~을 확신하는, 자신이 있는

◈ confide 동 신용하다, 털어놓다
◈ confidence 명 신용, 확산; 비밀
◈ confidential 형 비밀의, 신뢰할 수 있는

☐ I'm **confident** of his negotiating ability.
나는 그의 협상력을 믿는다.

identify
[aidéntəfài]

◈ 동 (신원을) 확인하다, ~을 동일시하다

◈ identification 명 신분증명
◈ identity 명 신원, 동일함
◈ identical 형 동일한
◈ identically 부 동일하게

☐ He could **identify** her even from a distance.
그는 멀리서도 그녀를 알아볼 수 있었다.

quite

[kwait]

|부| 꽤, 확실히

|관련어| • quite a few(많은)

☐ This type of microphone is **quite** sensitive.
이런 종류의 마이크는 꽤 감도가 좋다.

compatible

[kəmpǽtəbəl]

|형| 조화하는, 호환성의

◈ compatibility |명| 호환성

☐ The new employee doesn't seem **compatible** with his colleague.
그 신입사원은 동료들과 잘 어울리지 못하는 것 같다.

explain

[ikspléin]

|동| 설명[해명]하다

◈ explanation |명| 설명, 해명
◈ explanatory |형| 설명[해명]하는

☐ The manager **explained** his plans in detail.
부장은 계획을 상세하게 설명했다.

label

[léibəl]

|명| 라벨, 꼬리표
|동| 라벨을 붙이다

☐ A **label** was tied on to a trunk.
꼬리표가 트렁크에 달려 있었다.

exchange

[ikstʃéindʒ]

|동| 교환하다, 환전하다
|명| 교환, 환전

|관련어| • foreign exchange(환전)
          • stock exchange(증권거래소)

☐ Can you **exchange** a 100 dollar bill for five 20s?
100달러 지폐를 20달러 지폐 5장으로 교환해 줄 수 있나요?

나·오·는·단·어·만·외·운·대

NEW TOEIC *VOCABULARY 1100*

Week 5

Day 21 · Day 22 · Day 23 · Day 24 · Day 25

plant
[plænt]
┃┃┃┃

몡 공장, 식물
동 설치하다, 심다

|관련어| • factory(공장)

☐ We should modernize the **plant**.
우리는 공장을 현대화 해야 한다.

traffic
[trǽfik]
┃┃┃┃

몡 교통, 왕래
혱 교통의

|관련어| • traffic accident(교통 사고)

☐ **Traffic** congestion is a major problem in this area.
이 지역에서는 교통정체가 중대한 문제이다.

claim
[kleim]
┃┃┃┃

동 주장하다, 요구하다
몡 주장, 요구

|관련어| • claim form(청구서)

☐ He **claimed** it wasn't his fault.
그건 자기 잘못이 아니라고 그는 주장했다.

surrounding

[səráundiŋ]

형 주변의
명 〈복수형으로〉 환경

◈ surround 동 둘러싸다

|관련어| • nearby(바로 이웃의)

☐ This place is relatively safe, but the **surrounding** area is not.
이곳은 비교적 안전하지만 주변지역은 그렇지 않다.

summary

[sʌ́məri]

명 요약, 개요
형 개략의, 약식의

◈ summarize 동 요약하다
◈ summarization 명 요약, 개괄

|관련어| • sum up(요약하다 = wrap up)

☐ This report has a **summary** at the end of each chapter.
이 보고서는 각 장 끝에 요약이 있다.

suit

[suːt]

동 적합하다, 어울리다
명 소송, 슈트

◈ suitable 형 적당한, 어울리는
◈ suitability 명 적합
◈ suitably 부 적당하게

☐ That color really **suits** you.
그 색은 당신에게 정말 잘 어울린다.

enclose

[enklóuz]

동 동봉하다, 둘러싸다

◈ enclosure 명 동봉된 것, 둘러쌈

|관련어| • attach(첨부하다)
• attachment(첨부물)

※ Enclosed is[are] ~(~가 동봉되어 있다). 편지에서 쓰이는 표현.

☐ I **enclosed** a copy of our contract.
계약서의 사본을 동봉했습니다.

request
[rikwést]
▊▊▊▊

동 요청[간청]하다
명 요구, 요망

|관련어| • ask for(요청하다)

☐ We **requested** a special room for the elderly.
우리는 노인들을 위한 특별실을 요청했다.

element
[éləmənt]
▊▊▊▊

명 요인, 요소, 성분

◈ elementary 형 기본의
|관련어| • factor(요인)

☐ These are the **elements** of the plan.
이것들이 그 계획의 구성요소다.

résumé
[rèzuméi]
▊▊▊▊

명 이력서, 요약, 개요

◈ summary 동 요약, 개요

☐ It was tiring to check all the **résumés** of the applicants.
구직자 전부의 이력서를 검토하는 것은 힘든 일이었다.

appliance
[əpláiəns]
▊▊▊▊

명 전기기구[제품], 용구

☐ You can buy household **appliances** at that department store.
그 백화점에서 가정용 전기제품을 살 수 있다.

astonish
[əstániʃ]
▊▊▊▊

동 놀라게 하다

◈ astonishment 명 놀람
◈ astonishing 형 놀랄만한

☐ Jason's sudden departure **astonished** us all.
제이슨의 갑작스런 출발은 우리 모두를 놀라게 했다.

prior

[práiər]

형 앞의, 우선하는

◈ priority 명 우선권, 우선사항

|관련어| • before(~전에)　　• prior to ~(~에 앞서)

☐ Please consult me **prior** to making your final decision.

최종 결정을 내리기 전에 나와 상의해 주세요.

quality

[kwáləti]

명 품질, 우수성, 재능
형 양질의, 우수한

◈ qualitative 형 질적인

|관련어| • quality control(품질 관리)

☐ There has been a great improvement in the **quality** of the product.

그 상품의 품질은 현저히 향상되어 왔다.

fare

[fɛər]

명 요금, 운임

☐ Bus **fares** are going up again.

버스 요금이 다시 인상되고 있다.

renovate

[rénəvèit]

동 수리하다, 혁신[개선]하다

◈ renovation 명 수리, 개혁

☐ Our budget is not sufficient to **renovate** the cafeteria.

우리 회사 예산은 종업원 식당을 수리하기에는 충분하지 않다.

recession

[riséʃən]

명 불경기

◈ recede 동 후퇴하다
◈ recessive 형 후퇴하는

☐ They say the country will recover from the **recession** soon.

그 나라는 곧 불경기에서 회복할 것이라고 한다.

support
[səpɔ́:rt]
▮▮▮▮

⟨동⟩ 지지[부양, 원조]하다
⟨명⟩ 지지, 부양, 원조

◆ supporting ⟨형⟩ 지지[후원]하는
◆ supportive ⟨형⟩ 협력적인

☐ We sincerely thank you for your **support**.
우리는 당신의 지지에 깊이 감사를 드립니다.

negative
[négətiv]
▮▮▮▮

⟨형⟩ 부정적인, 비관적인, 음성의

|관련어| • positive(긍정적인)　　• negative effect(악영향)

☐ We received **negative** reviews for our new fax machine.
우리는 새 팩스기에 대해 부정적인 비평을 받았다.

assist
[əsíst]
▮▮▮▮

⟨동⟩ 돕다, 원조하다

◆ assistance ⟨명⟩ 원조, 보조
◆ assistant ⟨명형⟩ 조수, 보좌역; 부…, 보조의

☐ She **assisted** him in editing the paper.
그녀는 그가 신문을 편집하는 것을 도왔다.

prestige
[prestí:dʒ]
▮▮▮▮

⟨명⟩ 명성, 위신

◆ prestigious ⟨형⟩ 명문의, 일류의
|관련어| • prestigious university(일류 대학)

☐ Don't do anything that will harm the company's **prestige**.
회사 위신을 손상시킬 일은 하지 마세요.

commission
[kəmíʃən]
▮▮▮▮

⟨명⟩ 수수료, 위원회, 위탁
⟨동⟩ 위탁하다

☐ They pay 5 percent **commission** to sales agents.
그들은 판매 대리점에 5%의 수수료를 지급한다.

complain
[kəmpléin]

동 불평하다, (고통을) 호소하다

◇ complaint 명 불만, 불평

|관련어| • make a complaint(불만을 말하다)

☐ Shoppers **complained** about poor quality merchandise and high prices.
손님들은 상품의 형편없는 품질과 높은 가격에 대해 불평했다.

upstairs
[ʌ́pstɛ́ərz]

부 위층으로 　형 위층[의]

|관련어| • downstairs(아래층으로)
　　　• stairs(계단)

☐ Why don't you go **upstairs** and lie down for a while?
2층에 올라가 잠깐 눕는 게 어때요?

trust
[trʌst]

동 신뢰하다, 위탁하다, 맡기다
명 신용, 신뢰, 위탁

◇ trusted 형 신뢰받고 있는
◇ trusting 형 믿는, 의심치 않는
|관련어| • trustworthy(믿을 수 있는)
　　　• mistrust(불신, 의혹; 의심하다)

☐ I don't **trust** things I hear about by word of mouth.
나는 구두로 들은 것은 신용하지 않는다.

historic
[histɔ́(:)rik]

형 역사적으로 유명한, 역사에 남는

◇ history 명 역사
◇ historian 명 역사가
◇ historical 형 역사의, 사실에 바탕을 둔
◇ historically 부 역사적으로
|관련어| • historical figure(역사상 인물)

☐ This building was designated as a **historic** landmark last year.
이 건물이 작년에 역사적인 명소로 지정되었다.

risk
[risk]
▮▮▮▮

뗑 위험
동 위험을 무릅쓰다

◇ risky 혱 위험한
|관련어| • run[take] a risk(모험하다)

☐ He rescued the boy at the **risk** of his own life.
그는 자신의 목숨을 걸고 그 소년을 구했다.

fluent
[flúːənt]
▮▮▮▮

혱 유창한, 유동성의

◇ fluency 뗑 유창함   ◇ fluently 뷔 유창하게

☐ He is a **fluent** speaker of English.
그는 영어를 유창하게 한다.

derive
[diráiv]
▮▮▮▮

동 얻다, 유래하다, 추출하다

◇ derivation 뗑 유래, 파생

☐ We couldn't **derive** the prospective benefits from the business.
우리는 그 사업에서 예상된 이익을 얻을 수 없었다.

positive
[pázətiv]
▮▮▮▮

혱 긍정적인, 호의적인, 양성의

◇ positively 뷔 긍정적으로, 단호히
|관련어| • negative(부정적인, 비관적인, 음성의)

☐ She has a very **positive** attitude towards life.
그녀는 삶에 대해 아주 긍정적인 태도를 지니고 있다.

retain
[ritéin]
▮▮▮▮

동 보유하다, 유지하다, 보관하다

◇ retainment 뗑 보유   ◇ retention 뗑 보유, 기억

☐ He made every effort to **retain** his position.
그는 자신의 자리를 유지하기 위해 여러 노력을 했다.

approximately

[əpráksəmitli]
▮▮▮▮

[부] 대략

◇ approximation [명] 추정, 근사치
◇ approximate [동][형] ~에 가까워지다; 대략의
|관련어| • about(약)

☐ The cost is **approximately** 1,500 dollars.
비용은 약 1,500달러다.

insurance

[inʃúərəns]
▮▮▮▮

[명] 보험

◇ insure [동] 보험에 들다
◇ insured [형] 보험에 든
|관련어| • insurance policy(보험 계약)
          • insurance premium(보험료)

☐ This **insurance** will not cover your personal goods.
이 보험이 당신 개인 재산을 보호하지는 않을 것이다.

isolated

[áisəlèitid]
▮▮▮▮

[형] 고립된

◇ isolate [동] 분리하다
◇ isolation [명] 분리, 고립

☐ The house was so **isolated** that we needed a map and compass to find it.
그 집은 너무 고립되어 있어서 찾기 위해선 지도와 나침반이 필요했다.

payment

[péimənt]
▮▮▮▮

[명] 지불

◇ pay [동] 지불하다
|관련어| • down payment(할부의 첫 납입금, 계약금)

☐ I went to the bank to make a **payment** for the car.
나는 자동차 대금을 지불하려고 은행에 갔다.

Day

22

---

trend

[trend]

IIII

명 **경향, 유행**

◇ trendy 명 유행의

☐ The current **trend** is toward hiring more part-time employees.

최근 경향은 시간제 직원을 더 많이 고용하는 쪽으로 가고 있다.

---

situation

[sìtʃuéiʃən]

IIII

명 **상황**

◇ situate 동 놓다, 위치를 정하다

◇ situated 형 위치해 있는(= located)

|관련어| • circumstances(상황)

☐ The overall **situation** is good, despite a few minor problems.

사소한 문제점들이 있긴 하지만 전반적인 상황은 괜찮다.

---

occur

[əkə́ːr]

IIII

동 **일어나다**

◇ occurrence 명 사건, 출현

|관련어| • happen(일어나다)

☐ Where did the accident **occur**?

그 사건은 어디서 일어났습니까?

---

accurate

[ǽkjərit]

형 정확한

◈ accuracy 명 정확함

◈ accurately 부 정확하게

|관련어| · correct(정확한)

· inaccurate(부정확한)

☐ I need a watch that keeps very **accurate** time.

시간이 정확하게 맞는 시계가 필요하다.

found

[faund]

동 설립하다

◈ foundation 명 설립, 기초, 기금

◈ founder 명 설립자

|관련어| · establish(설립하다)

☐ The college was **founded** by him in 1888.

그 대학은 1888년에 그에 의해 설립되었다.

warranty

[wɔ́(:)rənti]

명 보증

◈ warrantee 명 피보증인

◈ warrantor 명 보증인

◈ warrant 명동 정당한 사유; 보증하다

|관련어| · guarantee(보증)

· under warranty(보증기간 중)

☐ This camera is still under **warranty**. They will repair it for nothing.

이 카메라는 아직 보증기간 중이므로 무상으로 수리해 줄 것이다.

infer

[infə́:r]

동 추측하다

◈ inference 명 추측

|관련어| · imply(내포하다)

☐ I **inferred** from his letter that his business was not going well.

그의 편지로 판단하면 그의 사업은 잘 안 되고 있는 것 같다.

supervise

[súːpərvàiz]

▥▥▥▥

§ 통 감독하다

◆ supervision 명 감독
◆ supervisor 명 상관, 감독자
◆ supervisory 형 감독하는
|관련어| • oversee(감독하다)

☐ His job is to **supervise** the operators at the telephone company.

그의 업무는 전화 회사에서 교환원들을 감독하는 것이다.

---

ideal

[aidíːəl]

▥▥▥▥

§ 형 이상적인

◆ ideal 명 이상
◆ ideally 부 이상적으로
|관련어| • perfect(완벽한)

☐ This is an **ideal** material for the product.

이것은 이 제품에 이상적인 재료이다.

---

postpone

[poustpóun]

▥▥▥▥

§ 통 연기하다

◆ postponement 명 연기
|관련어| • put off(연기하다)   • advance(앞당기기)

☐ Can we **postpone** our meeting until two-thirty?

2시 30분까지 회의를 연기할 수 있나요?

---

purpose

[pə́ːrpəs]

▥▥▥▥

§ 명 목적, 의도

※ '목적'이라는 의미를 나타내는 말로는 aim, goal, target, object, objective 등이 있다.
◆ purposely 부 일부러
◆ purposeful 형 목적이 있는, 고의적인
◆ purposeless 형 목적이 없는, 무의미한

☐ The **purpose** of the institution is described in this leaflet.

그 조직의 목적은 이 소책자에 설명되어 있다.

emphasize

[émfəsàiz]

동 강조하다

◇ emphasis **명** 강조
◇ emphatic **형** 단호한
◇ emphatically **부** 단호하게
관련어 · stress(강조하다)

☐ There are two main points I want to **emphasize**.

내가 강조하고 싶은 요점이 두 가지 있다.

flexible

[fléksəbəl]

형 유연한, 융통성이 있는

◇ flexibility **명** 유연성
◇ flex **동** 구부리다
◇ flexibly **부** 유연하게
관련어 · flextime(근무시간 자유 선택제 = flexible working hours)

☐ We can work **flexible** hours at our office.

우리는 회사에서 근무시간 자유선택제로 일하고 있다.

refreshment

[rifréʃmənt]

명 가벼운 음식물, 다과, 원기회복

◇ refresh **동** 기운 나게 하다
◇ refreshing **형** 기운을 돋우는
관련어 · beverage(음료)

☐ After the movie, **refreshments** will be served in the cafeteria.

영화가 끝난 후에 식당에서 가벼운 다과가 제공될 것이다.

note

[nout]

동 주목하다, 주의하다, 써두다

※ Please note ~는 소식을 전할 때의 표현. 또한 Please be advised that ~(that 이하의 것을 알려 드립니다)도 알아둘 것.
◇ noted **형** 유명한(= famous)
◇ note **명** 메모, 주의

☐ Please **note** that the store will be closed on Monday.

저희 가게는 오는 월요일에 휴업이라는 것을 알려 드립니다.

notify

[nóutəfái]
┃┃┃┃

동 통지하다

◇ notification 명 통지, 공고

|관련어| • inform(알리다)

☐ Please **notify** our sales department immediately if you receive a damaged item.
손상된 제품을 받으면 즉시 저희 영업부에 알려주시기 바랍니다.

duty

[djú:ti]
┃┃┃┃

명 직무, 의무, 세금

|관련어| • off duty(비번으로)
• on duty(근무시간 중에)
• duty-free(면세의)

☐ Hiring new staff is one of my primary **duties**.
신입 직원 채용이 내 주된 직무 중 하나이다.

communicate

[kəmjú:nəkèit]
┃┃┃┃

동 의사소통하다, 전달하다

◇ communication 명 전달, 통신
◇ communicable 형 전할 수 있는, 전염성의
◇ communicative 형 이야기하기를 좋아하는, 전달의

☐ My boss and I don't **communicate** very well.
상사와 나는 의사소통이 잘 되지 않는다.

conscious

[kánʃəs]
┃┃┃┃

형 의식적인, 의식이 있는

◇ consciousness 명 의식
◇ consciously 부 의식적으로
|관련어| • unconscious(무의식적인)
• unconsciously(무의식적으로)

☐ I am **conscious** of the importance of the matter.
나는 그 일의 중요성을 알고 있다.

agenda

[ədʒéndə]

명 안건, 의제, 의사일정

|관련어| • minutes(의사록)

☐ There were several important items on the **agenda**.

안건에는 몇 가지 주요 조항들이 있었다.

lean

[li:n]

동 기대다, 의지하다
명 기울기, 경사

◈ leaning 명 경사, 경향
|관련어| • lean against(기대다)
  • lean over(몸을 구부리다)
  • be leaning against ~(~에 기대고 있다= be propped up against)

☐ Don't **lean** against the wall.

벽에 기대지 마세요.

warehouse

[wɛ́ərhàus]

명 창고

|관련어| • storehouse(창고)   • storeroom(저장실)

☐ The **warehouse** stores 50 tons of rice.

그 창고에는 쌀이 50톤 들어간다.

depend

[dipénd]

동 ~따르다, 의지하다

◈ dependence 명 의존, 신뢰
◈ dependent 형명 의존하는; 부양가족
◈ dependable 형 신뢰할 수 있는(= reliable)
|관련어| • independence(독립)
  • independent(독립한)
  • dependent on ~(~에 따른)

☐ Your salary **depends** on length of service with the company.

당신의 봉급은 이 회사에서의 근속연수에 따른다.

relocate

[ri:lóukeit]

▮▮▮▮

동 재배치하다, 이동[이전]하다

◈ relocation 명 재배치, 이전

|관련어| • relocate to ~ (~로 이전하다)

   • move to ~(~로 이사하다)

☐ Three hundred people will be **relocated**.

  3백 명이 재배치될 것이다.

medicine

[médəsən]

▮▮▮▮

명 약, 의학

◈ medical 형 의학의

|관련어| • medication(약)   • drug(약, 마약)

   • pill(알약, 피임약)   • tablet(알약)

☐ Their efforts were being blocked by a lack of **medicine**.

  그들의 노력은 의약품 부족으로 어려움을 겪고 있었다.

arrive

[əráiv]

▮▮▮▮

동 도착하다, 이르다, 당도하다

◈ arrival 명 도착

|관련어| • departure(출발)

☐ Be sure to **arrive** at the venue on time.

  반드시 시간에 늦지 않게 개최지에 도착하도록 해 주세요.

nevertheless

[nèvərðəlés]

▮▮▮▮

부 그럼에도 불구하고

☐ **Nevertheless**, the economic situation of the country is getting better.

  그럼에도 불구하고 그 나라의 경제 상황은 나아지고 있다.

crisis

[kráisis]

▮▮▮▮

명 위기

☐ Asian countries are facing a financial **crisis**.

  아시아 국가들은 금융 위기에 직면해 있다.

profit

[práfit]
||||

명 이윤, 이익
동 이익을 얻다, 수익을 올리다

⬦ profitable 형 벌이가 되는, 이익이 되는
⬦ profitability 명 수익성
|관련어| • loss(손실)

☐ Our **profits** have doubled this year.
우리의 이익은 올해 2배가 되었다.

previous

[prí:viəs]
||||

형 앞의, 이전의

⬦ previously 부 이전에, 미리
|관련어| • former(전임의, 이전의)
  • previous year(전년)

☐ That topic was discussed at a **previous** meeting.
그 문제는 이전 회의에서 논의됐다.

advantage

[ədvǽntidʒ]
||||

명 유리, 이점

⬦ advantageous 형 유리한, 편리한
|관련어| • disadvantage(불리, 단점)
  • take advantage of ~(~을 이용하다)

☐ There is no **advantage** in getting there early.
거기 일찍 가봐야 별로 이득이 없다.

permanent

[pə́:rmənənt]
||||

형 영구적인

⬦ permanence 명 영속, 불변
⬦ permanently 부 영구히

☐ My current address is the same as my **permanent** address.
내 현 주소는 본적지와 같다.

Day

23

---

detach

[ditǽtʃ]

▌▌▌▌

동 분리하다, 이탈하다

◇ detachable 형 분리할 수 있는
◇ detached 형 떨어진
┤관련어├ • attach(붙이다)

☐ The parcel could not be delivered because the label became **detached** from it.

주소가 적힌 라벨이 떨어져 나갔기 때문에 그 소포는 배달될 수 없었다.

---

according

[əkɔ́:rdiŋ]

▌▌▌▌

부 ~에 의하면(to)

◇ accordingly 부 그에 따라서, 알맞게

☐ **According** to the weather report, it's going to rain tomorrow.

일기예보에 의하면 내일은 비가 온다고 한다.

---

business

[bíznis]

▌▌▌▌

명 직업, 일, 업무, 장사, 기업

☐ I can accept **business** only on terms already proposed.

나는 이미 제안한 조건들로만 일을 수용할 수 있다.

---

survey
[sə́:rvei]

명 조사, 측량
동 [sərvéi] 조새[측량]하다

◈ surveyor 명 측량기사, 조사관
|관련어| • research(조사)

☐ They're conducting a **survey** on consumer preference.
그들은 소비자 선호도에 관해 조사를 수행하고 있다.

print
[print]

동 인쇄하다
명 인쇄, 서체

|관련어| • the small[fine] print(〈계약서 등의〉 세목)
• printer(인쇄소, 프린터)

☐ This book is **printed** in small type.
이 책은 작은 활자로 인쇄되었다.

knowledge
[nálidʒ]

명 지식, 인식, 학문

◈ know 동 알다, 이해하다   ◈ knowledgeable 형 박식한

☐ He has extensive **knowledge** of Web design.
그는 웹 디자인에 대한 해박한 지식이 있다.

personnel
[pə̀:rsənél]

명 [전]직원, 인원

|관련어| • staff(종업원= workers, employees)

☐ We have very highly qualified **personnel**.
우리는 매우 자질이 뛰어난 직원들을 보유하고 있다.

withdraw
[wiðdrɔ́:]

동 (예금을) 인출하다, 철회하다, 철수하다

◈ withdrawal 명 인출, 취소, 철수

☐ I'm going to **withdraw** 1,000 dollars from my savings account.
내 보통예금 계좌에서 천 달러를 인출하려고요.

fluctuate

[flʌ́ktʃuèit]

ㅣㅣㅣㅣ

동 변동하다

◇fluctuation 명 변동   ◇fluctuant 형 변동하는

|관련어| • vary(변동하다)

☐ Vegetable prices **fluctuate** according to the season.
채소 가격은 계절에 따라 변동한다.

recognize

[rékəgnàiz]

ㅣㅣㅣㅣ

동 알아보다, 인정하다, 승인하다

◇recognition 명 인식, 승인
◇recognizable 형 인식할 수 있는

☐ I **recognized** him on sight.
나는 보자마자 그를 알아보았다.

entire

[entáiər]

ㅣㅣㅣㅣ

형 전체의

◇entirely 부 완전히(= completely)

|관련어| • whole(전체의)

☐ An evaluation of the **entire** system will be undertaken next week.
전체 시스템에 대한 평가는 다음 주에 착수할 예정이다.

hand

[hænd]

ㅣㅣㅣㅣ

동 건네주다
명 손, 일손, 필적, 솜씨

|관련어| • hand out(나누어 주다)   • hand in(제출하다)

☐ When do I have to **hand** in the paper?
리포트를 언제 제출해야 합니까?

itinerary

[aitínərèri]

ㅣㅣㅣㅣ

명 여행 일정

◇itinerate 동 순회하다

☐ According to the **itinerary**, we get to Miami at 5 p.m.
여행 일정에 따르면, 우리는 오후 5시에 마이애미에 도착한다.

series

[síəri:z]

▣ 연속, 일련, 시리즈

※ s로 끝나지만 단수형이다.

|관련어| • series of ~(일련의 ~)   • in series(연속하여)

☐ We had a **series** of problems last week.

지난 주에는 연이어 문제가 일어났다.

general

[dʒénərəl]

▣ 일반적인, 개략의, 전체적인

◈ generalize 동 일반화하다
◈ generalization 명 일반화
◈ generally 부 일반적으로

☐ The **general** feeling among the people at the meeting was that a vote should be taken.

그 회의에 나온 사람들이 대체로 느낀 것은 표결해야 한다는 것이었다.

approve

[əprúːv]

▣ 찬성하다, 인가[승인]하다

※ 자동사일 때는 전치사 of가 필요하다. 타동사일 때는 I do not approve your decision.이라고 쓸 수도 있다.

◈ approval 명 찬성, 승인
|관련어| • disapprove(반대하다)

☐ I do not **approve** of your decision.

나는 당신 결정에 찬성하지 않는다.

brochure

[brouʃúər]

▣ 브로슈어, 광고 전단

|관련어| • booklet(소책자)   • pamphlet(팸플릿)
        • booklet(팸플릿, 소책자)   • leaflet(전단, 광고용 삐라)
        • flier(전단, 삐라)

※ 광고용 팸플릿은 brochure가 일반적인 말.

☐ According to the **brochure**, breakfast is included in the charge.

브로슈어에 따르면, 아침식사는 요금에 포함되어 있다.

coincidence

[kouínsədəns]

명 (우연의) 일치, 동시 발생

◇ coincide 동 동시에 일어나다, 일치하다
◇ coincident 형 동시의

☐ It was a **coincidence** that he appeared at that exact moment.

그가 바로 그 순간 나타난 것은 우연의 일치였다.

occasional

[əkéiʒənəl]

형 가끔의, 임시의

◇ occasion 명 (특정한) 때, 행사, 기회
◇ occasionally 부 가끔

☐ They take an **occasional** trip to Asian countries.

그들은 가끔 아시아 여러 나라를 여행한다.

temporary

[témpərèri]

형 일시적인, 임시의

◇ temporarily 부 일시적으로
관련어 • permanent(영구적인)

☐ I have a **temporary** job at a supermarket.

나는 슈퍼마켓에서 임시직으로 일하고 있다.

sensible

[sénsəbəl]

형 분별 있는

◇ sense 명동 감각; 느끼다   ◇ sensitive 형 민감한, 섬세한

☐ It was **sensible** of him to take the subway to the hotel.

그가 호텔까지 지하철로 간 것은 현명했다.

draft

[dræft]

명 원고
동 입안하다

☐ Have you written a **draft** of the report?

보고서 초안을 작성했습니까?

injure

[índʒər]

동 상처를 입히다

◇ injury 명 상해　　　　◇ injured 형 상처 입은
◇ injurious 형 유해한

☐ I **injured** my leg playing soccer.
나는 축구를 하다 다리를 다쳤다.

tentative

[téntətiv]

형 시험적인, 임시의

◇ tentatively 부 임시적으로, 잠정적으로

|관련어| • provisional(임시의)
　　　　• tentative agreement(잠정 협정)

☐ This is the **tentative** plan for the event.
이것은 그 이벤트를 위한 시안이다.

enroll

[enróul]

동 등록하다, 입학[입회, 입대]하다

◇ enrollment 명 등록

|관련어| • sign up for ~(~에 등록하다= apply for, register for)

☐ All contestants must **enroll** by October 15.
모든 경기 참가자는 10월 15일까지 등록해야 한다.

popular

[pápjələr]

형 인기 있는, 대중적인

◇ popularity 명 인기　　　　◇ popularly 부 널리, 일반적으로

☐ She is credited with developing **popular** video games.
그녀는 인기 있는 비디오 게임을 개발한 공적은 인정받고 있다.

fund

[fʌnd]

명 기금, 자금, 〈복수형으로〉 재원
동 자금을 제공하다

☐ They needed more **funds** to run the institution.
그들은 그 시설을 운영하기 위해 더 자금이 필요했었다.

responsible

[rispánsəbəl]
▮▮▮▮

형 책임이 있는

◇ responsibility 명 책임, 의무

|관련어| • Corporate Social Responsibility(기업의 사회적 책임)

☐ A manager has to be **responsible** for overseeing the employees.
경영자는 직원들을 감독할 책임이 있다.

vacant

[véikənt]
▮▮▮▮

형 비어 있는

◇ vacancy 명 빔, 공석, 결원   ◇ vacate 동 비우다

|관련어| • unoccupied(비어 있는)

☐ We couldn't find a **vacant** parking space.
우리는 빈 주차 공간을 찾을 수 없었다.

relevant

[rélevənt]
▮▮▮▮

형 관련이 있는

◇ relevance 명 관련성

|관련어| • irrelevant(관계없는)

☐ We decided to hire the person with the most **relevant** experience.
우리는 관련 업무 경험이 가장 많은 사람을 고용하기로 결정했다.

common

[kámən]
▮▮▮▮

형 흔히 있는, 공통의, 보통의
명 공유지

◇ commonly 부 보통으로, 일반적으로

|관련어| • common sense(상식)   • in common(공통으로)

☐ It is **common** knowledge that he is the man behind the scenes.
그가 막후의 인물이라는 건 주지의 사실이다.

genuine

[dʒénjuin]
▮▮▮▮

형 진짜의

☐ This couch is made of **genuine** leather.
이 소파는 진짜 가죽으로 만들어져 있다.

aware

[əwέər]

▮▮▮▮

형 의식하고 있는, 깨닫고 있는

◇ awareness 명 인식, 자각

|관련어| • be aware of ~(~을 알아차리다)

☐ Is he **aware** that we have changed our plans?

그가 우리가 계획을 바꾼 걸 알고 있습니까?

patient

[péiʃənt]

▮▮▮▮

형 참을성 있는, 끈기 있는

명 환자

◇ patience 명 인내, 끈기

◇ patiently 부 끈기 있게

☐ For this project we need someone who is just as tough, but a lot more **patient**.

이 일에는 강인하면서도 훨씬 더 인내심이 있는 사람이 필요하다.

humane

[hju:méin]

▮▮▮▮

형 인정이 있는, 자비로운

◇ human 형 인간의

◇ humanity 명 인간성

|관련어| • human being(인간)

☐ It was **humane** of him to take care of the abandoned dogs.

자비롭게도 그는 버려진 개들을 돌보았다.

worth

[wəːrθ]

▮▮▮▮

형 ~가치가 있는

명 가치

◇ worthy 형 가치 있는, 훌륭한

|관련어| • worthless(가치 없는)

☐ This little piece of land is **worth** 100 million won.

이 조그만 땅이 1억 원이나 한다.

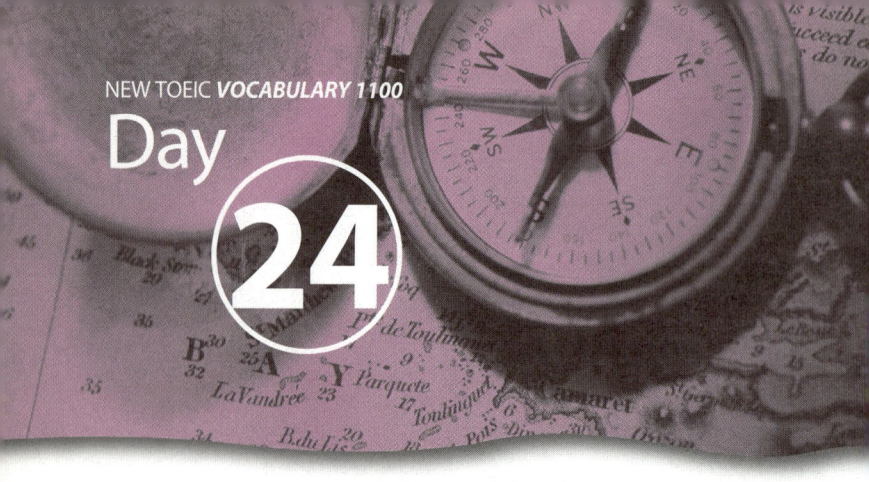

NEW TOEIC **VOCABULARY 1100**

Day

24

---

consist

[kənsíst]

▥▥▥▥

동 이루어져 있다(of), ~에 있다(in)

◇ consistency 명 일관성
◇ consistent 형 일관된
◇ consistently 부 일관되게, 착실히

☐ The chain **consists** of a total of ten thousand stores.
그 체인점은 만 개의 점포로 구성되어 있다.

---

prompt

[prɑmpt]

▥▥▥▥

형 재빠른
동 자극하다

◇ promptly 부 신속하게

☐ I need a **prompt** reply.
신속한 답변이 필요합니다.

---

confess

[kənfés]

▥▥▥▥

동 고백하다, 자백하다

◇ confession 명 고백, 자백

☐ Did the suspect **confess** to the crime?
용의자가 범행을 자백했습니까?

---

remember

[rimémbər]

동 기억하다, 잊지 않고 ~하다, 안부를 전하다

※ remember to 부정사(미래의 일: 잊지 않고 ~하다)
　　remember ~ing(과거의 일: ~한 것을 기억하고 있다)
◇ remembrance 명 기억, 기념
|관련어| • forget(잊다)　　• remind(상기시키다)

☐ I **remember** it as if it were yesterday.
　나는 그것을 마치 어제 일처럼 기억하고 있다.

possible

[pásəbəl]

형 가능한, 있음직한

◇ possibility 명 가능성, 가망
◇ possibly 부 어쩌면, 혹시
|관련어| • impossible(불가능한)
　　　 • as soon as possible(가능한 한 빨리)

☐ Is it **possible** to go on a different airline?
　다른 항공편으로 가는 게 가능합니까?

resource

[rí:so:rs]

명 〈복수형으로〉 자원, 물자, 방편

◇ resourceful 형 자원이 풍부한, 기략이 풍부한
|관련어| • human resources manager(인사 부장)

☐ Korea is very poor in natural **resources**.
　한국은 천연 자원이 아주 부족하다.

record

[rékərd]

명 [최고] 기록, 성적, 레코드
동 [rikɔ́:rd] 기록[녹음, 녹화]하다
형 기록적인, 최고의

|관련어| • off the record(비공식의, 공표해서는 안 되는)
　　　 • on the record(공표되어, 기록되어)

☐ Please retain the bottom portion of the form for your **records**.
　기록용으로 양식의 하단 부분을 보관해 두세요.

trace
[treis]
┃┃┃┃

[동] 추적하다
[명] 자취

◇ traceability [명] 자국 추적 가능성
◇ traceable [형] 자국을 더듬어 갈 수 있는

☐ The bank had tried to **trace** the check, but they were unable to locate it.
은행은 수표를 추적해 보았지만, 그 수표가 어디 있는지 찾을 수 없었다.

discretion
[diskréʃən]
┃┃┃┃

[명] 결정권, 자유재량

◇ discretionary [형] 자유재량의
|관련어| • at one's discretion(재량으로)

☐ I leave the decision to your **discretion**.
결정을 당신 재량에 맡기겠다.

municipal
[mjuːnísəpəl]
┃┃┃┃

[형] 지방 자치의, 시의

◇ municipality [명] 지방자치체
|관련어| • municipal office(시청)

☐ The **municipal** authority encourages car-pooling to relieve traffic jams.
시 당국은 교통 정체를 완화하기 위해 카풀제를 장려하고 있다.

journal
[dʒɝːrnəl]
┃┃┃┃

[명] 신문, 잡지, 정기 간행물, 일지

◇ journalism [명] 저널리즘
◇ journalist [명] 저널리스트, 언론인
◇ journalistic [형] 신문, 잡지의
|관련어| • magazine(잡지)
　　　 • newspaper(신문)
　　　 • periodical(정기간행물)

☐ She edits a **journal** on animals.
그녀는 동물에 관한 잡지를 편집한다.

crew
[kru:]

명 (공동으로 작업하는) 조, 반, (열차·비행기의) 승무원

☐ The repair **crew** traced down the leak.
수리반은 누출되는 곳을 더듬어 나갔다.

volunteer
[váləntíər]

명 지원자
동 자진하여 하다

◇ voluntary 형 자발적인
|관련어| • involuntary(본의 아닌)

☐ She has begun to work as a **volunteer** for a charity.
그녀는 한 자선 단체를 위해 자원봉사로 일하기 시작했다.

book
[buk]

동 예약하다, 장부에 기입하다
명 책, 장부

◇ booking 명 예약
|관련어| • reserve(예약하다)

☐ It is advisable to **book** your ticket early.
표를 일찍 예약하시길 바랍니다.

renew
[rinjú:]

동 갱신하다, 재개하다

◇ renewal 명 갱신, 재개

☐ I have to **renew** my driver's license this year.
나는 올해 운전 면허증을 갱신해야 한다.

inventory
[ínvəntɔ̀:ri]

명 재고, 재고 목록

|관련어| • stock(재고)

☐ We can send the product today if we have one in the **inventory**.
재고가 있으면, 오늘 그 제품을 보내드릴 수 있습니다.

equipment

[ikwípmənt]

▮▮▮▮

명 설비, 장비

※ equipment는 셀 수 없는 명사.

◈ equip 동 장비하다, 장치하다

☐ The government provided sports **equipment** for the children.

정부는 아이들에게 스포츠 용품을 지급했다.

weigh

[wei]

▮▮▮▮

동 무게를 재다, 무게가 나가다

◈ weight 명 무게, 중량　　　◈ outweigh 동 ~보다 무겁다

◈ overweight 형 중량초과의

☐ Your job is to **weigh** packages to determine the price.

당신의 업무는 가격을 결정하기 위해 화물의 무게를 측정하는 것이다.

possession

[pəzéʃən]

▮▮▮▮

명 소유[물], 재산

◈ possess 동 소유하다

☐ I lost all my **possessions** because of the earthquake.

나는 그 지진 때문에 모든 재산을 잃었다.

decorate

[dékərèit]

▮▮▮▮

동 꾸미다, 장식하다

◈ decoration 명 장식, 훈장　　　◈ decorator 명 장식자

◈ décor 명 실내장식　　　◈ decorative 형 장식적인

☐ Did you **decorate** this room yourself?

이 방을 직접 꾸몄습니까?

message

[mésidʒ]

▮▮▮▮

명 메시지, 전언, 알림

|관련어| • forward one's message(전언을 전송하다)

☐ I have a **message** to communicate to you.

당신에게 알려드릴 메시지가 있습니다.

author

[ɔ́:θər]

명 저자, 저술가

◈ authorize 동 승인하다　　◈ authorial 형 저자의

관련어 • writer(작가)

☐ He isn't my favorite **author**, but I like his works pretty well.

특별히 좋아하는 작가는 없지만, 나는 그의 작품들은 아주 좋아한다.

judge

[dʒʌdʒ]

명 심사원, 재판관, 재판
동 판단하다

◈ judgment 명 판단

☐ A panel of **judges** will choose the winner.

심사 위원단이 우승자를 결정할 것이다.

eligible

[élidʒəbəl]

형 적임의, 적격의
명 적격자

※ 'eligible to부정사'로 '~할 자격이 있는'이란 의미를 나타낸다.
◈ eligibility 명 적격성

☐ He was retired but was not **eligible** for a pension.

그는 퇴직했지만 연금을 받을 자격은 없었다.

technical

[téknikəl]

형 기술의, 전문적인

◈ technique 명 기술
◈ technicality 명 전문적 성질
◈ technician 명 기술자
◈ technically 부 기술[전문]적으로
관련어 • technology(과학기술)
　　　 • technological(과학기술의)
　　　 • technologically(기술적으로)

☐ We're having a **technical** problem with our computer system.

우리 컴퓨터 시스템에 기술적인 문제가 있다.

moderate

[mάdərət]

형 온화한, 적당한
동 완화하다

◇ moderation **명** 절도
◇ moderator **명** 의장, 조정자
◇ moderately **부** 적당히, 제법

☐ The climate of the region is **moderate** enough to grow rice.
그 지역의 기후는 쌀을 재배할 수 있을 만큼 온화하다.

dedication

[dèdikéiʃən]

명 헌신, 전념

◇ dedicate **동** 헌신하다, 전념하다
◇ dedicated **형** 열성적인, 헌신적인

☐ The country's greatest resource is the **dedication** of its workers.
그 나라의 가장 큰 자원은 노동자들의 헌신이다.

accommodate

[əkάmədèit]

동 수용하다, 적응시키다

◇ accommodation **명** 〈복수형으로〉 숙박시설
◇ accommodative **형** 적응력이 있는
◇ accommodating **형** 싹싹한, 융통성 있는

☐ The theater can **accommodate** 3,000 people.
그 극장은 3천 명을 수용할 수 있다.

apply

[əplάi]

동 신청하다, 적용[응용]하다

◇ application **명** 신청[서], 적용
◇ applied **형** 응용의
◇ applicable **형** 적용[응용]할 수 있는
|관련어| • application form(신청서)
• applicant(응모자)

☐ I have **applied** for a research grant.
나는 연구 보조금을 신청했다.

front

[frʌnt]
||||

명 앞, 전방, 정면

|관련어| • front desk(프런트)
• in front of ~(~의 앞에, ~의 정면에)

☐ He found two vacant seats in the **front** row.
그는 앞줄에 빈자리 두 개를 발견했다.

finance

[finǽns]
||||

명 재정, 재원, 〈복수형으로〉 재정 상태
동 출자[융자]하다

◇ financial 형 재정의, 재무의
◇ financially 부 재정적으로
◇ financier 명 금융업자, 재정가
|관련어| • fund(출자하다)

☐ The council was summoned to hear an emergency report on its **finances**.
재정 상태에 대한 긴급 보고를 듣기 위해 회의가 소집되었다.

exhibit

[igzíbit]
||||

명 전시품, 전람회
동 전시[출품]하다

◇ exhibition 명 전시, 전람

☐ The museum features interactive **exhibits**.
그 박물관에는 쌍방향성의 전시품이 있다.

property

[prápərti]
||||

명 부동산, 재산, 소유물[지]

|관련어| • private property(사유 재산)

☐ The company should have measures to protect its intellectual **property**.
그 회사는 자기 지적재산권을 지킬 수단을 가져야 한다.

former

[fɔ́:rmər]
▍▍▍▍

형 전의, 전임의, 전자의
명 〈the ~〉 전자

◆ formerly 부 옛날에는, 이전에는

|관련어| • the latter(후자)　　• previous(이전의)

☐ Let me introduce you to my **former** boss.
　이전 사장님을 소개합니다.

---

arrange

[əréindʒ]
▍▍▍▍

동 배열하다, 정돈하다, 준비하다

◆ arrangement 명 배열, 정돈, 준비

☐ I'll **arrange** for someone to meet you at the airport.
　누군가 공항까지 당신을 마중 가도록 준비하겠습니다.

---

compromise

[kámprəmàiz]
▍▍▍▍

동 타협하다　　명 타협

☐ The two parties wouldn't **compromise** on any point.
　그 두 정당은 어떤 점에 관해서도 타협하려고 하지 않았다.

line
[lain]
▮▮▮

명 선, 전화, (글자의) 행, 종류
동 정렬하다, 정렬시키다

|관련어| • in line(정렬하여, 횡대로)

☐ Jim, you have a call on **line** one.

짐, 1번 선에 전화가 와 있어요.

connect
[kənékt]
▮▮▮▮

동 접속하다, 전화를 연결하다

◇ connection 명 접속, 연결, 관계
◇ connected 형 연결된, 관계가 있는

☐ Will you **connect** me with Mr. Garfield?

가필드 씨에게 연결해 주시겠습니까?

procedure
[prəsíːdʒər]
▮▮

명 진행, 절차, 순서

◇ proceed 동 나아가다, 계속하다
◇ procedural 형 절차상의

☐ A meeting was held to outline the emergency **procedures**.

비상 조치들의 개요를 설명하기 위해 회의가 열렸다.

progress
[prágres]
▮▮▮▮

명 진보, 전진, 진행
동 [prəgrés] 진보하다, 전진하다

◇ progression 명 진보, 발전
|관련어| • progress report(중간 보고)

☐ The work of construction is in active **progress**.

그 공사 일은 현재 활발히 진행 중이다.

file
[fail]
▮▮▮

동 (서류를) 정리하다, 정식으로 제출하다
명 파일

☐ Will you **file** these cards in alphabetical order?

이 명함을 알파벳순으로 정리해 주겠습니까?

contact

[kántækt]

▮▮▮▮

동 연락하다, 접촉하다
명 연락, 접촉

※ 타동사이므로 전치사는 필요 없다.
관련어 • make contact(연락을 취하다)

☐ You can **contact** us either by e-mail or fax.
당신은 우리와 이메일 또는 팩스로 연락할 수 있습니다.

valid

[vǽlid]

▮▮▮▮

형 유효한, 정당한

◇ validate 동 증명하다
◇ validity 명 유효성, 정당성
관련어 • invalid(무효인)

☐ She claimed that the test results were **valid**.
그녀는 그 테스트의 결과는 유효하다고 주장했다.

access

[ǽkses]

▮▮▮▮

명 접근   동 접근하다

※ 명사로 쓰일 때는 뒤에 전치사 to가 필요하다.
◇ accessibility 명 접근성
◇ accessible 형 접근하기 쉬운, 얻기 쉬운, 이용할 수 있는

☐ He has easy **access** to inside information.
그는 내부 정보에 쉽게 접근할 수 있다.

normal

[nɔ́ːrməl]

▮▮▮▮

형 보통의, 정상인
명 정상, 평균수준

◇ normalize 동 정상화[표준화]하다
◇ normally 부 보통은, 표준적으로
관련어 • abnormal(정상이 아닌)

☐ He wouldn't have approved under **normal** circumstances.
정상적인 상황이었다면 그는 찬성하지 않았을 것이다.

actually

[ǽktʃuəli]
▯▯▯

부 실제로, 정말로

◇ actuality 명 현실[성], 사실   ◇ actual 형 현실의, 실제의
|관련어| • in fact(실제로는)

☐ Sales didn't increase last month; **actually** they decreased sharply.
지난 달 판매는 증가하지 않았다. 실제로는 급격히 줄었다.

exact

[igzǽkt]
▯▯▯

형 정확한, 정밀한

◇ exactly 부 정확히, 엄밀히(= precisely)

☐ Can you give me the **exact** time?
정확한 시간을 가르쳐 주겠어요?

contrary

[kántreri]
▯▯▯

형 상반되는, 정반대의   명 정반대

◇ contradiction 명 모순   ◇ contradictory 형 모순된
|관련어| • contrary to ~(~에 어긋나는)
        • on the contrary(이에 반해서)

☐ The result was **contrary** to my expectation.
결과는 내 기대와는 반대였다.

clerk

[kləːrk]
▯▯▯

명 사무원, 점원

◇ clerical 형 사무원의
|관련어| • salesclerk(점원)

☐ The **clerk** helped me pick out what I wanted.
점원은 원하는 걸 고를 수 있게 나를 도와주었다.

cater

[kéitər]
▯▯▯

동 음식을 제공하다

☐ The restaurant **caters** for wedding receptions.
그 식당은 결혼 피로연 음식을 제공한다.

enthusiastic

[enθúːziǽstik]

▦ 열광적인, 열중하는

◈ enthusiasm 몡 열광, 열중
◈ enthusiastically 뷰 열심히

☐ His **enthusiastic** speech impressed the audience.
그의 열광적인 연설에 청중은 감명을 받았다.

congested

[kəndʒéstid]

▦ 붐비는, 정체한

◈ congest 통 붐비게 하다   ◈ congestion 몡 혼잡

☐ Because there are so many cars, the nation's roads have become heavily **congested**.
차가 너무 많아서 그 나라의 도로는 정체가 심해졌다.

campaign

[kæmpéin]

몡 (사회, 정치) 운동
통 운동을 하다

☐ He participated in a **campaign** against drugs.
그는 마약 퇴치 운동에 참가했다.

offer

[ɔ́(ː)fər]

통 제공하다   몡 제공

☐ We are pleased to **offer** you free delivery.
저희 회사는 무료배송을 기꺼이 제공해 드립니다.

whole

[houl]

▦ 전체의   몡 전체

|관련어| • entire(전체의)
• as a whole(전체로서)
• on the whole(대체로)

☐ I had to change my **whole** schedule.
내 전체 일정을 변경해야 했다.

subject

[sʌ́bdʒikt]

명 주제, 제목, 과목
형 ~을 받기 쉬운

◈ subjective 형 주관적인

|관련어| • subject to ~(~할 가능성이 있는, ~을 조건으로 하여)

☐ She suddenly changed the **subject** when he came into the room.

그녀는 그가 방으로 들어오자 갑자기 화제를 바꾸었다.

except

[iksépt]

전 ~을 제외하고

◈ exception 명 예외
◈ exceptional 형 예외적인, 우수한(= outstanding)
◈ exceptionally 부 예외적으로, 유별나게

☐ It is always open 9 am to 6 pm, **except** legal holidays.

법정 공휴일을 제외하고는 이곳은 오전 9시부터 오후 6시까지는 늘 문을 연다.

manufacture

[mæ̀njəfǽktʃər]

동 제조[생산]하다
명 제조, 산업, 〈복수형으로〉 제품

◈ manufacturer 명 제조업자
◈ manufacturing 명 제조

|관련어| • maker(제조업자)

☐ Do they **manufacture** cars in your country?

당신 나라에서는 자동차를 생산합니까?

construct

[kənstrʌ́kt]

동 건설하다, 제조하다

◈ construction 명 건설, 구조, 건축물
◈ constructor 명 건설업자
◈ constructive 형 건설적인

|관련어| • under construction(공사 중)

☐ Our new office building is being **constructed**.

우리의 새 사무실 건물이 건축 중이다.

association
[əsòusiéiʃən]
▮▮▮▮

명 제휴, 협회, 교제

◇ associate 동명 교제하다, 관련시키다; 공동경영자, 친구

|관련어| • in association with ~(~와 협력하여= in cooperation with)

☐ He worked for an **association** to protect the environment.
그는 환경을 보호하는 협회에서 일했다.

resume
[rizú:m]
▮▮▮▮

동 재개하다, 회복하다

◇ resumption 명 재개, 회복

☐ Talks are expected to **resume** next week.
협상은 다음 주에 재개될 것으로 예상된다.

explore
[iksplɔ́:r]
▮▮▮▮

동 탐색하다, 조사하다

◇ exploration 명 탐험　　◇ explorer 명 탐험가
◇ exploratory 형 탐험의

☐ Let's **explore** all the different possibilities.
서로 다른 모든 가능성을 조사해 보자.

modify
[mάdəfài]
▮▮▮▮

동 변경하다, 수정하다

◇ modification 명 변경, 수정

|관련어| • amend(수정하다)

☐ I think we'll have to **modify** our plan.
우리는 계획을 수정해야 할 것 같다.

rough
[rʌf]
▮▮▮▮

형 거친, 조잡한

◇ roughly 부 거칠게, 대충

☐ The cloth feels **rough** compared with the other.
그 천은 다른 것과 비교해서 거친 느낌이 있다.

indicate

[índikèit]

동 지적하다, 가리키다, 징후가 되다

◇ indication 명 지시하는 것, 징후
◇ indicator 명 지표, 척도, 지시자
◇ indicative 형 나타내는, 암시하는

☐ The red light **indicates** there's no more parking space available.
빨간색 등은 더 이상 주차할 공간이 없음을 뜻한다.

investigate

[invéstəgèit]

동 상세히 조사하다

◇ investigation 명 조사   ◇ investigative 형 조사의
관련어 • look into(상세히 조사하다)

☐ The team **investigated** the accident very thoroughly.
그 팀은 그 사고를 아주 철저하게 조사했다.

tip

[tip]

명 정보, 조언, 팁
동 몰래 귀띔하다, 팁을 주다

※ 보통 tips로 s를 붙여 사용한다.

☐ Do you have any helpful **tips**?
무슨 도움이 될 만한 조언이 있습니까?

sculpture

[skʌ́lptʃər]

명 조각   동 조각하다

◇ sculpturesque 형 조각 같은
관련어 • painting(회화)
       • photography(사진는 photograph, photo)
       • picture(그림, 사진)
       • drawing(데생)
       • illustration(일러스트)
       • portrait(초상화)

☐ He is skilled in **sculpture**.
그는 조각 솜씨가 좋다.

NEW TOEIC *VOCABULARY 1100*

Week 6

Day 26 · Day 27 · Day 28 · Day 29 · Day 30

set

[set]

▮▮▮▮

동 정하다, 배치하다, (해 등이) 지다
명 한 짝, 일몰

|관련어| • set up(설정하다)

☐ Let's **set** the departure date.
출발일을 정하자.

---

convenient

[kənvíːnjənt]

▮▮▮▮

형 형편이 좋은, 편리한

◇ convenience 명 편리
◇ conveniently 부 편리하게
|관련어| • inconvenient(불편한)   • inconvenience(불편)

☐ What time is **convenient** for you?
몇 시가 좋으세요?

---

capacity

[kəpǽsəti]

▮▮▮▮

명 정원, 능력, 최대생산량

|관련어| • filled to capacity(만원이다)

☐ The factory is operating at maximum **capacity**.
그 공장은 최대 가동으로 작업하고 있다.

sort

[sɔ:rt]

동 분류하다
명 종류

|관련어| • sort of(다소)

☐ He **sorted** the applications according to the applicants' qualifications.

그는 응모자의 신청서를 능력에 따라 분류했다.

prefer

[prifə́:r]

동 선호하다, 좋아하다

※ prefer A to B로 'A를 B보다 좋아하다' 라는 의미를 나타낸다.

◇ preference 명 좋아함, 우선권
◇ preferable 형 오히려 더 나은
◇ preferably 부 즐겨, 오히려

☐ I **prefer** whiskey to beer.

나는 맥주보다 위스키를 좋아한다.

respect

[rispékt]

명 점, 존경
동 존경하다

◇ respectable 형 존경할 만한   ◇ respectful 형 경의를 표하는
◇ respective 형 각각의   ◇ respectively 부 각각
|관련어| • in respect of ~(~에 관하여)

☐ She is a better candidate in every **respect**.

모든 점에서 그녀는 보다 좋은 후보자다.

decide

[disáid]

동 결정[결심]하다

◇ decision 명 결정, 결심, 판결
◇ decisive 형 결정적인, 단호한
◇ decided 형 결정적인, 분명한

☐ They **decided** to seek external advice.

그들은 외부의 조언을 구하기로 결정했다.

grant

[grænt]
▮▮▮▮

동 허락하다, 주다
명 보조금, 허가

|관련어| • take ~ for granted(~을 당연한 것으로 여기다)

☐ The director didn't **grant** us permission to put the project into practice.
이사는 우리에게 그 계획을 실행에 옮길 허가를 주지 않았다.

qualified

[kwáləfaid]
▮▮▮▮

형 자격이 있는

◇ qualification 명 자격　　◇ qualify 동 ~의 자격을 주다

☐ He is **qualified** to practice medicine in that country.
그는 그 나라에서 개업의가 될 자격이 있다.

attention

[əténʃən]
▮▮▮▮

명 주의, 주목

◇ attentive 형 주의 깊은　　◇ attentively 부 주의 깊게
|관련어| • pay attention to ~(~에 주의하다)

☐ Don't pay any **attention** to Julie.
줄리에게 전혀 신경 쓰실 것 없어요.

address

[ədrés]
▮▮▮▮

동 연설하다, 주소[성명]를 쓰다, (직함 등으로) 부르다
명 주소, 연설

☐ He is **addressing** the luncheon crowd.
그는 오찬회 참석자들에게 연설하고 있다.

frequently

[frí:kwəntli]
▮▮▮▮

부 자주, 종종

◇ frequency 명 빈도, 주파수
◇ frequent 동형 자주 가다; 빈번한, 상습적인

☐ I **frequently** go to that restaurant for lunch.
나는 점심 먹으러 그 레스토랑에 자주 간다.

stock

[stɑk]

|명| 재고, 주식
|동| 구입하다, 저장하다

|관련어| · inventory(재고)
· in stock(재고가 있는)
· out of stock(재고가 없는)

☐ What if the parts we need are out of **stock**?

필요한 부품이 재고가 떨어지면 어떻게 하지요?

---

hesitate

[hézətèit]

|동| 망설이다, 주저하다

◇ hesitation |명| 주저, 우유부단
◇ hesitant |형| 주저하는
|관련어| · don't hesitate to ~(마음대로 ~하세요= feel free to ~)

☐ Please don't **hesitate** to call me if you have any questions.

의문 사항이 있으시면 언제든 전화를 주세요.

---

regarding

[rigɑ́:rdiŋ]

|전| ~에 관하여

◇ regard |동||명| 간주하다; 존경
|관련어| · with[in] regard to(~에 관하여= about, concerning)
· regardless(무관심한, 부주의한)

☐ We have received your e-mail **regarding** the defective products.

결함 상품에 관하여 당신의 e메일을 받았습니다.

---

decrease

[dí:kri:s]

|동| 감소하다, 줄다
|명| 감소, 축소

◇ decreasing |형| 감소하는
|관련어| · on the decrease(점점 감소하여)

☐ Our share of the market has **decreased** sharply this year.

올해 우리의 시장 점유율이 급감했다.

vital

[váitl]
▮▮▮▮

형 극히 중대한, 생기가 넘치는

◇ vitality 명 활력　　　　◇ vitalize 동 활성화하다

☐ Good transportation is **vital** to development of the new residential area.
신흥 주택지 개발에는 편리한 교통수단이 필수적이다.

serious

[síəriəs]
▮▮▮▮

형 심각한, 진지한, 위독한

◇ seriousness 명 진정, 중대함
◇ seriously 부 진지하게, 진정으로

☐ The merger will have **serious** consequences for the workers.
합병은 종업원들에게 심각한 결과를 가져올 것이다.

notice

[nóutis]
▮▮▮▮

명 통지, 게시, 주의
동 통지하다, 알아차리다, 주의하다

◇ noticeable 형 눈에 띄는, 현저한(= marked)

☐ Prices are subject to change without prior **notice**.
가격은 사전 예고없이 변경될 수 있다.

principle

[prínsəpl]
▮▮▮▮

명 원리, 주의

☐ He stuck to his **principles** and didn't accept the bribe.
그는 자신의 원칙을 고수해서 그 뇌물을 받지 않았다.

adjust

[ədʒʌ́st]
▮▮▮▮

동 적응하다, 맞추다, 조절하다

◇ adjustment 명 적응, 조절
◇ adjustable 형 조절할 수 있는

☐ I need time to **adjust** to my new working conditions.
새로운 노동 환경에 적응하려면 시간이 필요합니다.

alternative

[ɔːltə́ːrnətiv]

IIIII

명 (둘 중에서) 선택, 대안
형 양자택일의, 대안의

◇ alternate 명동형 〈미〉 대역, 대리; 교체하다; 번갈아 하는
◇ alternately 부 번갈아

☐ We were unable to recommend a suitable **alternative**.

우리는 적절한 대안을 추천해 줄 수가 없었다.

executive

[igzékjətiv]

III

명 경영자, 중역, 관리직[원]
형 관리직의, 행정상의

◇ execute 동 수행하다, 집행하다
◇ execution 명 수행, 실행, 집행
|관련어| • chief executive official(CEO 최고 경영 책임자)

☐ We have a vacant **executive** position.

중역 자리 하나가 공석이다.

balance

[bǽləns]

IIII

명 미납금, 균형, 잔고
동 균형을 맞추다

◇ balanced 형 균형이 잡힌
|관련어| • imbalance(불균형)

☐ I didn't realize I had an outstanding **balance**.

미납금이 있는 줄 몰랐다.

critical

[krítikəl]

III

형 매우 중요한, 위기의, 비판적인

◇ criticism 명 비평, 비판   ◇ critique 명 비평, 논평
◇ critic 명 비평가, 평론가   ◇ criticize 동 비평[비판]하다
◇ critically 부 비판적으로, 위태롭게
|관련어| • crucial(중요한)

☐ You should know that we're really in a **critical** situation.

당신은 우리가 정말 심각한 상황에 처해 있다는 것을 알아야 한다.

immediately
[imí:diitli]
▮▮▮▮

부 곧, 즉시

◇ immediate 형 당면한, 머지않은

|관련어| • right away(곧)

☐ The new legislation takes effect **immediately**.

새 법률은 즉시 효력을 발생하게 된다.

gain
[gein]
▮▮▮▮

동 얻다, 증가하다, (시계가) 빠르다

명 이득, 증가, 〈복수형으로〉 이익금

◇ gainful 형 이익이 있는

|관련어| • capital gain(자본 소득)

☐ I **gained** a lot of experience by space travel.

나는 우주여행으로 많은 경험을 얻었다.

ongoing
[ángòuiŋ]
▮▮▮▮

형 진행 중인

☐ High inflation is an **ongoing** problem in many countries.

많은 나라에서 높은 인플레이션은 진행 중인 문제이다.

present
[prizént]
▮▮▮▮

동 발표하다, 증정하다, 제출하다

명 [prézənt] 선물

형 [prézənt] 현재의, 출석한

◇ presentation 명 발표, 증정, 제출

☐ He **presented** the data to the committee.

그는 위원회에 그 자료를 제출했다.

quit
[kwit]
▮▮▮▮

동 사직하다

☐ She **quit** her job to go to a graduate school in the U.S.

그녀는 미국 대학원에 진학하기 위해 사직했다.

prospective

[prəspéktiv]

형 장래의, 유망한

◇ prospect 명 가능성, 전망

|관련어| • prospective client(고객이 될 가능성이 높은 사람)

☐ The supermarket made an effort to attract **prospective** customers.

그 슈퍼마켓은 장래의 고객을 유치하려고 노력했다.

verify

[vérəfài]

동 확인하다, 증명하다

◇ verification 명 확인, 증명

|관련어| • check(확인하다)

☐ It will not take long to **verify** the data.

그 자료를 확인하는 데는 시간이 오래 걸리지 않을 것이다.

middle

[mídl]

명 중순
형 중앙의

※ mid–라는 접두사를 붙여 같은 의미를 나타낼 수 있다.

|관련어| • mid-July(7월 중순)

☐ Do you know why we're having a staff meeting in the **middle** of December?

왜 12월 중순에 간부 회의를 하는지 아세요?

original

[ərídʒənəl]

형 최초의, 독창적인
명 원본, 원형

◇ origin 명 기원
◇ originality 명 독창성
◇ originate 동 생기다, 시작하다
◇ originally 부 독창적으로

☐ The research team found the **original** picture in the cave.

조사단은 그 동굴에서 최초의 그림을 발견했다.

persist

[pəːrsíst]

▥ 우겨대다, 지속[존속]하다

◇ persistence ▣ 고집, 지속
◇ persistent ▣ 집요한, 지속하는

☐ Why do you **persist** in doing business with that company?
어째서 그 회사와의 거래를 고집하는 것입니까?

accomplished

[əkámpliʃt]

▣ 뛰어난, 완성한

◇ accomplish ▥ 달성하다
◇ accomplishment ▣ 성과

☐ Olivia was probably the most **accomplished** pianist of her generation.
올리비아는 아마 자기 세대 중 가장 뛰어난 피아노 연주자였을 것이다.

appoint

[əpóint]

▥ 임명[지명, 지정]하다

◇ appointment ▣ 임명, 약속
◇ appointed ▣ 지정된, 임명된

☐ They **appointed** him as vice president of the company.
그들은 그를 부사장으로 임명했다.

position

[pəzíʃən]

명 지위, 일자리, 위치, 입장

☐ Knowledge of word processing is required for the **position**.

그 직에는 워드 프로세서에 관한 지식이 요구된다.

point out

[pɔint aut]

동 지적하다

|관련어| • point out A to B(B에게 A를 지적하다)

☐ The economist **pointed out** a flaw in the new policy.

그 경제학자는 새 정책의 결점을 지적했다.

status

[stéitəs]

명 상황, 지위

|관련어| • status quo(현상)

☐ Please keep me informed of the shipping **status**.

선적 상황을 계속해서 알려 주세요.

behalf

[bihǽf]

명 편, 지지, 이익

|관련어| • on behalf of ~(~을 대표하여, ~대신에)

☐ He will be in charge of this department on her **behalf**.

그는 그녀를 대신해서 이 부서를 책임지게 될 것이다.

observe

[əbzə́:rv]

동 관찰하다, 지키다, 경축하다

◇ observer 명 입회인
◇ observation 명 관찰, 의견, 주시
◇ observance 명 준수, 경축하기
◇ observatory 명 전망대, 관측소
◇ observant 형 관찰력이 예리한, 잘 따르는

☐ She has **observed** the pack of wolves for two years.

그녀는 그 여우 떼를 2년 동안 관찰하고 있다.

comply
[kəmplái]
▮▮▮▮

동 따르다, 지키다

◇ compliance 명 응낙, 수락

☐ We have to **comply** with the laws of the country.
우리는 그 나라의 법률을 따라야 한다.

defend
[difénd]
▮▮▮▮

동 옹호하다, 지키다, 지지하다

◇ defense 명 방어, 변호　　◇ defensive 형 방어의
◇ defendant 명형 피고; 피고의

|관련어| · offensive(공격적인)
　　　· legal defense(정당방위)
　　　· self-defense(자기[정당]방어)
　　　· plaintiff(원고)

☐ They are fighting to **defend** their rights.
그들은 자신들의 권리를 지키기 위해 싸우고 있다.

function
[fʌ́ŋkʃən]
▮▮▮▮

명 기능, 직무, 대규모 집회
동 기능하다

◇ functional 형 기능적인, 편리한
◇ functionally 부 기능적으로
|관련어| · malfunction(고장; 제대로 기능하지 않다)

☐ This telephone has an instant redial **function**.
이 전화기는 즉각적인 재다이얼 기능이 있다.

official
[əfíʃəl]
▮▮▮▮

형 정식의, 직무상의
명 공무원, 관리, 직원

◇ officially 부 공식적으로, 직무상
|관련어| · office(사무소, 관직)　　· officer(장교, 경관, 관리)

☐ This announcement is not **official** yet.
이 발표는 아직 공식적인 게 아니다.

submit

[səbmít]
||||

동 제출[제시]하다, 진술[복종]하다

◇ submission 명 제안, 복종
◇ submissive 형 복종하는, 유순한
관련어 · hand in(제출하다)

☐ When do I have to **submit** the report?
보고서는 언제 제출해야 합니까?

state

[steit]
|||||

명 상태, 형편, 국가
동 말하다, 진술하다

◇ statement 명 성명[서]
관련어 · financial statements(재무제표)

☐ The markets are in a very sensitive **state**.
시장은 아주 민감한 상태에 있다.

fact

[fækt]
|||||

명 사실, 진실, 현실, 실제

◇ factual 형 사실의, 실제의
관련어 · in fact(사실은)   · actually(실제로)

☐ In **fact**, I prefer to stay home today.
사실 나는 오늘 집에 있고 싶다.

create

[kriéit]
||||

동 창조하다, 창작하다

◇ creation 명 창조, 창작
◇ creator 명 창작자
◇ creative 형 독창적인
관련어 · creativity(창조성, 독창력)
· creatively(독창적으로)
· creature(생물)

☐ The construction project will **create** a lot of new jobs.
그 건설 계획은 많은 신규 고용을 만들어 낼 것이다.

expose

[ikspóuz]

|||||

동 노출하다, 진열하다

◇ exposure 명 노출, 진열
◇ exposition 명 박람회
◇ exposed 형 드러나 있는, 노출된

☐ Don't **expose** the film to sunlight.

필름을 햇빛에 노출시키지 마세요.

sincere

[sinsíər]

|||||

형 성실한, 진지한

◇ sincerity 명 성실, 솔직함, 진심
◇ sincerely 부 진정으로

☐ He is **sincere** in his promises.

그는 자기 약속에 충실하다.

side

[said]

|||||

명 측, 쪽
형 측면의, 부차적인

|관련어| • side by side(나란히, 협력하여)
• side effect(부작용)

☐ Tom laid the two objects on the desk **side by side**.

톰은 두 개의 물건을 책상 위에 나란히 올려놓았다.

seal

[si:l]

|||||

동 도장을 찍다, 봉인하다, 밀폐하다, 봉쇄하다
명 봉인, 도장

☐ He signed and **sealed** the contract without hesitation.

그는 망설임 없이 그 계약서에 서명 날인했다.

contrast

[kántræst]

|||||

명 대조, 차이, 대비
동 [kəntrǽst] 대조하다, 대비하다

☐ His ideas are a **contrast** to mine.

그의 의견은 내 의견과는 정반대이다.

undertake

[ʌndərtéik]

동 떠맡다, 착수하다, 약속하다

◇ undertaking 명 사업, 약속

☐ I advise you not to **undertake** such a risky venture.
그런 위험한 모험은 시작하지 말라고 충고하고 싶다.

steadily

[stédili]

부 꾸준히, 착실하게

◇ steady 형 착실한, 안정된

☐ The sales grew **steadily** after they placed an ad.
광고를 낸 뒤 매출이 꾸준히 성장했다.

optimistic

[àptəmístik]

형 낙관적인, 낙천적인

◇ optimism 명 낙관주의
◇ optimist 명 낙천가
|관련어| • pessimistic(비관적인) • pessimist(비관론자)

☐ I think you're a bit too **optimistic** about the company's future.
당신은 회사의 장래에 관해 너무 낙관적인 것 같다.

primarily

[praimérəli]

부 주로, 첫째로

◇ primary 형 주요한, 최초의(= main, prime)
|관련어| • secondary(제2의, 중등의)

☐ The lecture was **primarily** about Korea-Japan trade friction.
강연은 주로 한일 무역마찰에 관한 것이었다.

audit

[ɔ́:dit]

동 감사하다, 청강하다
명 회계감사, 청강

◇ auditor 명 회계감사관, 청강인

☐ The CPA **audited** the accounts of the company.
그 공인회계사는 그 회사의 장부를 감사했다.

content

[kəntént]

▮▮▮▮

|형| 만족한, 만족하는

◇ content |동| 만족시키다　　◇ contented |형| 만족한
◇ contentedly |부| 만족스럽게, 기꺼이
|관련어| • satisfied(만족한)

☐ I'm content with my job.
나는 내 일에 만족하고 있다.

disposal

[dispóuzəl]

▮▮▮▮

|명| 폐기, 처분

◇ dispose |동| 처분하다, 매각하다, 해결하다
|관련어| • at one's disposal(남의 뜻대로 되는)

☐ The **disposal** of nuclear waste is one of the big problems.
핵 폐기물 처리는 큰 문제들 가운데 하나다.

display

[displéi]

▮▮▮▮

|명| 전시, 진열, 표시
|동| 전시하다, 진열하다, 표시하다

|관련어| • on display(진열되어)

☐ I'd like to take a look at that dress on **display**.
전시되어 있는 저 드레스 좀 보고 싶은데요.

commitment

[kəmítmənt]

▮▮▮▮

|명| 약속, 헌신, 참여

◇ commit |동| 관련되다, 참여하다

☐ He was unable to meet **commitments** he had made to his clients.
그는 고객들에게 약속했던 것을 지킬 수 없었다.

thoroughly

[θə́:rouli]

▮▮▮▮

|부| 완전히, 철저히

◇ thorough |형| 완전한, 철저한

☐ Contracts must be read **thoroughly** before they are signed.
서명에 앞서 계약서를 철저히 읽어 봐야 한다.

attach

[ətǽtʃ]

동 붙이다, 첨부하다, (중요성 등을) 두다

◇ attachment 명 부착, 부속물, 애착

관련어 • detach(떼어내다)

• Attached is[are] ~(~가 첨부되어 있다)

☐ I **attached** a copy of your invoice.

송장 사본을 첨부했습니다.

charge

[tʃɑːrdʒ]

명 요금
동 청구하다, 신용카드로 지불하다, 고발하다

◇ chargeable 형 책임을 져야 할

관련어 • in charge of ~(~을 맡아서)

☐ Does this price include the hotel **charges**?

이 가격엔 호텔 요금이 포함돼 있나요?

concerning

[kənsə́ːrniŋ]

전 ~에 관하여

◇ concern 명동 관심, 걱정; 관계하다, 걱정시키다

◇ concerned 형 관계하고 있는, 걱정스러운

관련어 • about ~(~에 관하여)

• regarding ~(~에 관하여)

☐ A discussion arose **concerning** the project's costs, but no conclusions were reached.

프로젝트 경비에 관해 토론을 벌였지만 결론을 얻지 못했다.

handle

[hǽndl]

동 다루다, 처리하다, 매매하다
명 손잡이

◇ handling 명 처리

관련어 • handling charge(취급 수수료)

☐ We must **handle** customer complaints properly, however minor they may be.

고객으로부터의 불만은 그것이 아무리 작더라도 엄밀하게 다루어져야 한다.

asking

[ǽskiŋ]

▮▮▮▮

명 청구, 청하기

◇ ask 동 묻다, 요구하다

|관련어| • asking price(호가, 제시가격)

☐ Peter didn't buy the car at the **asking** price.

피터는 그 호가로 그 차를 사지 못했다.

experience

[ikspíəriəns]

▮▮▮▮

명 경험, 체험
동 경험[체험]하다

◇ experienced 형 노련한

☐ We need someone with **experience**.

우린 누군가 경험 있는 사람이 필요하다.

overtime

[óuvərtàim]

▮▮▮▮

형 시간외의
명 초과근무

|관련어| • do[work] overtime(잔업을 하다)

☐ The six hours' **overtime** pay was much more than his daily wage.

6시간 시간외 수당이 그의 일당보다 훨씬 많았다.

apprentice

[əpréntis]

IIII

명 견습생, 초보자

|관련어| · intern(실습생)

☐ Andrew works in the hairdresser's as an **apprentice**.

앤드류는 미용실에서 견습생으로 일한다.

promotion

[prəmóuʃən]

IIII

명 승진, 촉진, 조장

◇ promote 통 승진시키다, 촉진하다
◇ promotive 형 증진하는
|관련어| · demotion(강등)

☐ He believes he deserves a **promotion**.

그는 자신이 승진할 만하다고 생각하고 있다.

recently

[ríːsəntli]

IIII

부 요즈음, 최근

◇ recent 형 최근의, 새로운

☐ They have **recently** reduced their price.

그들은 최근 가격을 인하했다.

maximum

[mǽksəməm]

IIII

형 최대의
명 최대치

◇ maximize 통 극대화하다
|관련어| · minimum(최소의; 최소치)   · minimize(최소화하다)

☐ What's the **maximum** amount we can spend?

우리가 쓸 수 있는 최대 금액은 얼마입니까?

reckon

[rékən]

IIII

통 계산하다

☐ He **reckon** the costs and gave up starting up a new business.

그는 그 비용을 계산하고 새 사업 착수를 포기했다.

modern

[mádərn]
▮▮▮▮

형 현대의, 최신의
명 현대인

◇ modernity 명 현대성　　◇ modernize 동 현대화하다
|관련어| • contemporary(현대의)

☐ Are you interested in **modern** art?
현대 회화에 관심이 있습니까?

cross

[krɔːs]
▮▮▮▮

동 건너가다, 교차하다

◇ crossing 명 교차점

☐ The woman is **crossing** the street.
여자가 길을 건너고 있다.

deadline

[dédlàin]
▮▮▮▮

명 마감, 최종기한

|관련어| • meet the deadline(마감일을 맞추다)

☐ Do you think they can make the **deadline**?
그들이 납기일을 맞출 수 있을까요?

eventually

[ivéntʃuəli]
▮▮▮▮

부 마침내, 최후에는

◇ eventual 형 최종적인
|관련어| • finally(마침내= at last)

☐ **Eventually**, they got through to the hospital.
마침내 그들은 병원에 도착했다.

guess

[ges]
▮▮▮▮

동 추측하다　　명 추측

|관련어| • guesswork(어림짐작)
　　　　• make a guess(어림짐작하다)

☐ I **guess** his age at 50.
나는 그의 나이를 50 정도로 추측한다.

imagine

[imǽdʒin]

동 상상[가정, 추측]하다

◇ imagination 명 상상, 상상력
◇ imaginable 형 상상할 수 있는
◇ imaginary 형 가상의
◇ imaginative 형 상상력이 풍부한

☐ I can **imagine** what's going on in your mind.

당신이 지금 어떤 생각을 하고 있을 지 상상이 간다.

accumulate

[əkjúːmjəlèit]

동 쌓다, 축적하다

◇ accumulation 명 축적   ◇ accumulative 형 축적하는

☐ Arthur **accumulated** a fortune as an exporter.

아더는 수출업으로 부를 축적했다.

appear

[əpíər]

동 나타나다, 출두하다, ~처럼 보이다

◇ appearance 명 외관, 출현
◇ apparent 형 분명한, 외관상의
◇ apparently 부 명백하게, 외관상
|관련어| • disappear(사라지다)

☐ We expected him, but he never **appeared**.

우린 그가 오길 기대했지만, 그는 결코 나타나지 않았다.

measure

[méʒər]

명 대책
동 측정하다

◇ measurement 명 측정, 치수
◇ measured 형 정확히 측정된, 신중한
|관련어| • step(대책)

☐ All of these **measures** will help minimize the number of people who lose their jobs.

이러한 대책들은 모두 일자리를 잃은 사람들의 수를 최소로 하는 데 도움이 된다.

launch
[lɔːntʃ]
�ⅢⅡ

동 시작하다, 출시하다, 쏘아 올리다
명 개점, 출시, 발사

|관련어| • launch pad(발사대)

☐ They **launched** the new project last month.
그들은 지난 달 새 프로젝트를 시작했다.

publish
[pʌ́bliʃ]
ⅢⅡ

동 발표[공표]하다, 출판하다

◇ publishing 명 출판업
◇ publication 명 출판물
◇ publisher 명 출판사

☐ The researcher **published** his findings in a journal.
그 연구자는 연구결과를 학회지에 발표했다.

seek
[siːk]
ⅢⅡ

동 찾다, 추구하다

|관련어| • seek to ~(~하려고 시도하다)
         • look for(찾다)

☐ It's a new trend for college graduates to **seek** jobs in their hometown.
대졸자들이 자기 고향에서 일자리를 구하는 게 새로운 추세이다.

favor
[féivər]
ⅢⅡ

명 지지, 친절, 수고
동 찬성하다

◇ favorite 명형 좋아하는 것; 마음에 드는
◇ favorable 형 호의적인
◇ favorably 부 호의적으로, 순조롭게
|관련어| • in favor of ~(~에 찬성하여)
         • ask ~ a favor(~에게 부탁을 하다)

☐ Who is in **favor** of the proposal?
그 제안에 찬성하는 사람은 누구죠?

fully

[fúli]

부 완전히, 완전히

◇ fullness 명 충분, 완전
◇ full 형 완전한, 가득 찬

|관련어| • completely(완전히)

☐ Our factory is **fully** automated.
우리 공장은 완전히 자동화 되어 있다.

install

[instɔ́:l]

동 설치하다, 취임시키다

◇ installation 명 설치, 가설
◇ installment 명 할부금, 할부

☐ When's the telephone going to be **installed** here?
여기엔 언제 전화가 설치됩니까?

advisory

[ædváizəri]

형 자문의, 충고의

◇ advice 명 조언
◇ advise 동 조언하다
◇ advisable 형 바람직한

|관련어| • advisory committee(자문 위원회)

☐ The **advisory** committee proposed a solution to the problem.
자문 위원회는 그 문제에 관해 해결책을 제시했다.

leading

[líːdiŋ]

형 일류의, 뛰어난

◇ lead 동 이끌다, 선도하다
◇ leader 명 지도자
◇ leadership 명 지도, 지도력

|관련어| • leading company(일류 기업)

☐ The **leading** company released a new product.
그 일류 기업은 신제품을 발매했다.

treat

[triːt]

||||

동 취급하다, 치료하다, 대접하다

◇ treatment 명 치료

☐ Mr. Fox **treats** his employees as individuals.
폭스 씨는 종업원들을 개인으로 취급한다.

colleague

[káliːg]

||||

명 동료, 친구

|관련어| • co-worker(동료)

☐ Do you get on well with your **colleagues**?
동료들과 잘 지내고 있습니까?

dimension

[diménʃən]

||||

명 치수, 측면, 차원

◇ dimensional 형 치수의, 차원의

☐ Please specify the **dimensions** of the room.
그 방의 치수를 명확히 말씀해 주세요.

praise

[preiz]

||||

동 칭찬하다   명 칭찬

◇ praiseworthy 형 칭찬할 만한

☐ The president **praised** him for his effort.
사장은 그의 노력을 칭찬해 주었다.

comfortable

[kʌ́mfərtəbəl]

||||

형 편한, 쾌적한

◇ comfort 명동 쾌적함; 위로하다
◇ comfortably 부 쾌적하게
|관련어| • uncomfortable(쾌적하지 않은, 편치 않은)
• discomfort(불쾌)

☐ Our house is plain as day, but it's **comfortable**.
우리 집은 평범하지만 쾌적하다.

bulk

[bʌlk]

▥ 명 용적, 크기, ⟨the ~⟩ 대부분

◈ bulky 형 부피가 큰, 거대한

|관련어| • in bulk(대량으로)

☐ If we buy in **bulk**, will they give us a discount?

대량으로 구매하면 할인 받을 수 있나요?

detect

[ditékt]

▥ 동 찾아내다, 탐지하다

◈ detection 명 탐지

◈ detective 명 탐정

◈ detector 명 탐지기

☐ The software **detected** a virus in the system.

그 소프트웨어는 시스템 내의 바이러스를 찾아냈다.

scientific

[sàiəntífik]

▥ 형 과학의, 과학적인

◈ science 명 과학

◈ scientist 명 과학자

◈ scientifically 부 과학적으로

|관련어| • biology(생물학)

• chemistry(화학)

• physics(물리학)

☐ His methods are not **scientific** at all.

그의 방법은 전혀 과학적이지 못하다.

further

[fə́ːrðər]

▥ 부 ⟨far의 비교급⟩ 더욱이, 더욱 멀리

형 그 이상의

|관련어| • further study(향후의 연구)

• furthermore(더욱이, 게다가)

☐ It is probable that unemployment will rise **further**.

실업률은 더욱 오를 것 같다.

---

edge

[edʒ]

▯▮▮▮

명 끝, 테두리, 날, 강점
동 날을 세우다, 테를 두르다

◇ edgy 형 불안한, 뚜렷한
|관련어| • on edge(안달하는) • cutting edge(최첨단)

☐ Don't stand near the **edge** of the platform.
플랫폼 끝 가까이 서 있지 마세요.

---

theme

[θiːm]

▯▮▮▮

명 주제, 테마

◇ thematic 형 주제의
|관련어| • topic(주제= subject)

☐ What is the **theme** of the conference?
그 회의의 주제는 무엇입니까?

---

projection

[prədʒékʃən]

▯▮▮▮

명 예상, 투영

◇ project 명동 계획, 사업; 계획하다

☐ Sales of this year were a little below our **projection**.
올 매출은 예상보다 다소 적었다.

transit

[trǽnsit]

명 수송, 통과

|관련어| • transit passenger(통과 여객)
· in transit(수송 중에)

☐ The shipment was lost in **transit**.

그 화물은 수송 중에 없어졌다.

commute

[kəmjúːt]

동 통근[통학]하다　**명** 통근, 통학

◇ commutation **명** 정기권 통근

|관련어| • commuter train(통근 열차)
· commuter(통근자, 통학자)

☐ John **commutes** between Brooklyn and Manhattan.

존은 브루클린과 맨해튼 사이를 통근한다.

inform

[infɔ́ːrm]

동 알리다, 통지하다

※ inform+사람+of ~형식으로 자주 쓰인다.

◇ information **명** 정보, 안내소

◇ informative **형** 정보가 많은, 유익한

◇ informed **형** 박식한

◇ informant **명** 정보제공자

|관련어| • notify(알리다)

☐ We regret to **inform** you that the concert has been canceled.

죄송하지만 콘서트가 취소되었음을 알려드립니다.

typical

[típikəl]

형 전형적인, 특유의

◇ type **명** 모양, 양식

◇ typically **부** 전형적으로, 보통은

|관련어| • typical of ~(전형적인 ~)

☐ She is a **typical** Korean teenager, who tries hard to look pretty.

그녀는 전형적인 한국인 10대로 자신이 예쁘게 보이도록 열심히 노력한다.

government

[gʌ́vərnmənt]
▮▮▮▮

명 정부, 통치

◇ govern 통 통치하다
◇ governmental 형 통치의, 정부의
◇ governor 명 주[도]지사
|관련어| • local government(지방 정부)

☐ The purpose of their visit was to meet with **government** officials.
그들의 방문 목적은 정부 관리들을 만나는 것이었다.

coordinate

[kouɔ́ːrdənit]
▮▮▮▮

동 조정하다

◇ coordination 명 조정, 협조
◇ coordinator 명 조정자

☐ The secretary was **coordinating** the schedules of all the directors.
그 비서가 임원들 모두의 일정을 조정하고 있었다.

panel

[pǽnl]
▮▮▮▮

명 전문위원회, 토론자단, 패널, 배심원단

◇ panelist 명 토론 참가자

☐ The 5-member **panel** has promised to deliver its report before the end of the year.
5명으로 구성된 전문위원회는 연말 전에 보고서를 전달하겠다고 약속했다.

specific

[spisífik]
▮▮▮▮

형 구체적인, 특정한
명 〈복수형으로〉 상세

◇ specify 동 상술하다
◇ specification 명 제품 사양서, 상술
◇ specifically 부 명확하게, 특히
|관련어| • particular(특정한= certain)

☐ Could you be more **specific** about what you want?
무엇을 원하는지 좀 더 구체적으로 말해 주시겠습니까?

certain

[sə́ːrtən]

형 확실한, 특정한, 어떤 ~

◇ certainty 명 확실함
◇ certainly 부 물론, 확실히

|관련어| · sure(확실한)
· ascertain(확인하다, 알아내다)

☐ It is **certain** that she is alive.

그녀가 살아있는 것은 확실하다.

mistake

[mistéik]

명 잘못, 틀림, 오해
동 잘못 알다, 틀리다

◇ mistaken 형 틀린, 오해한

|관련어| · by mistake(실수로= by accident, accidentally)
· on purpose(고의로= deliberately, intentionally)

☐ I corrected a few **mistakes** in the report.

나는 그 보고서의 잘못을 몇 군데 수정했다.

cover

[kʌ́vər]

동 덮다, (범위가) 포함하다, 보도하다
명 덮개, 표지, 엄호물, 담보

|관련어| · uncover(폭로하다)   · cover story(특집기사)
· covering letter(첨부 편지)
· coverage(적용 범위, 보도)

☐ You are not **covered** by my car insurance.

당신은 내 자동차 보험의 보상 대상이 아니다.

feature

[fíːtʃər]

동 전시하다, 특징짓다, 대서특필하다
명 특징, 특집기사

|관련어| · feature story(특집 기사)

☐ The exhibition **features** over three paintings by Rembrandt.

그 전시회에는 3점 이상의 렘브란트 회화가 전시되어 있다.

interval
[íntərvəl]
▮▮▮▮

명 간격, 틈, 막간

|관련어| • at ~ intervals(~간격으로)
• at regular intervals(정기적으로)

☐ Trains are running at three-minute **intervals**.
열차는 3분 간격으로 운행되고 있다.

reception
[risépʃən]
▮▮▮▮

명 환영회, 파티, 접수처

◇ receipt 명 수령, 영수증　　◇ receptionist 명 접수계원
|관련어| • wedding reception(결혼 피로연)

☐ They held a wedding **reception** at the restaurant.
그들은 그 레스토랑에서 결혼 피로연을 열었다.

figure
[fígjər]
▮▮▮▮

동 계산하다, 판단하다, 상징하다
명 도형, 수치, 모양, 〈복수형으로〉 계산

◇ figurative 형 비유적인

☐ I **figure** we'll make 6 million dollars a month.
나는 우리가 한 달에 6백만 달러를 벌 거라고 생각한다.

interactive
[ìntəræktiv]
▮▮▮▮

형 쌍방향의

◇ interact 동 서로 작용하다
◇ interaction 명 상호작용

☐ The company developed a new **interactive** software program.
그 회사는 새로운 쌍방향 소프트웨어 프로그램을 개발했다.

insight
[ínsàit]
▮▮▮▮

명 지식, 통찰력

◇ insightful 형 통찰력이 있는

☐ Her books give us an **insight** into time management.
그녀의 책은 시간 관리에 대한 지식을 준다.

outlet

[áutlet]

명 판매점, 출구, 콘센트

|관련어| • retail outlet(소매점)

☐ The hamburgar chain has over five hundred **outlets** in the area.
그 햄버거 체인은 그 지역에 5백개 이상의 점포를 갖고 있다.

board

[bɔ:rd]

명 이사회, 판자
동 탑승하다

|관련어| • board of directors(이사회)
• boarding pass(탑승권)
• bulletin board(게시판)

☐ I'm giving a presentation to the **board** of trustees.
나는 평의원회에서 프리젠테이션을 한다.

vote

[vout]

동 투표하다, 표결하다
명 투표[권], 표결

◈ voter 명 유권자

|관련어| • vote against ~(~에 반대표를 던지다)
• vote for ~(~에 찬성표를 던지다)
• vote on ~(~에 관해 투표하다)

☐ I **voted** against the tax system.
나는 그 세제에 반대표를 던졌다.

diverse

[divə́:rs]

형 다양한

◈ diversity 명 다양성
◈ diversification 명 다양화
◈ diversify 동 다양화하다
◈ diversified 형 다각적인

☐ People with **diverse** backgrounds applied for the position.
다양한 경력을 가진 사람들이 그 직에 응모했다.

equal
[íːkwəl]

형 같은, 평등한, 필적하는   명 대등한 사람[것]
· 동 ~와 같다

◇ equalize 동 같게 하다
◇ equality 명 평등
◇ equally 부 평등하게, 동시에

☐ The two companies are roughly **equal** in size.
그 두 회사는 규모가 거의 같다.

waste
[weist]

동 낭비하다, 못쓰게 만들다
명 낭비, 폐기물

◇ wasteful 형 낭비적인
|관련어| · industrial waste(산업 폐기물)
· waste disposal(폐기물 처리)

☐ She **wasted** a lot of time searching for the key.
그녀는 열쇠를 찾느라 많은 시간을 낭비했다.

plenty of
[plénti ɔv]

형 많은 ~

◇ plentiful 형 풍부한, 충분한
|관련어| · a lot of ~, lots of ~(많은 ~)
· a large[great, good] number of ~(많은 ~)

☐ There is **plenty of** time to discuss the matter.
그 일을 토의할 시간은 많다.

involve
[inválv]

동 ~을 필요로 하다, 관련시키다, 포함하다

◇ involvement 명 관여
◇ involved 형 관련된, 포함된
※ involved 뒤에 오는 전치사는 in 또는 at.

☐ The job **involves** working weekends and evenings.
그 일은 주말과 밤에 일하는 것이 요구된다.

upgrade

[ʌ́pgrèid]

IIII

동 개량하다, 품질을 높이다
명 신판, 업그레이드

☐ We offer a free **upgrade** to our customers.

고객들에게는 무료 업그레이드를 제공하고 있다.

flavor

[fléivər]

IIII

명 맛, 풍미

|관련어| • artificial flavor(인공 조미료)

☐ Our fruit juices contain no artificial colors or **flavors**.

우리 회사 과일 주스에는 인공 착색료나 향료는 포함되어 있지 않다.

nutritious

[njuːtríʃəs]

IIII

형 영양분이 풍부한

◇ nutrition 명 영양
◇ nutritional 형 영양에 관한
◇ nutritionally 부 영양적으로

☐ Meat, fruit, and vegetables are **nutritious** foods you should eat every day.

고기, 과일, 그리고 야채는 매일 먹어야 하는 영양분이 풍부한 음식이다.

retire

[ritáiər]

IIII

동 퇴직[은퇴]하다, 폐업하다

◇ retirement 명 퇴직, 은퇴
◇ retirer 명 퇴직자
◇ retired 형 퇴직한, 은퇴한
◇ retiring 형 퇴직하는, 내성적인
|관련어| • resign(사임하다)
• leave(사직하다)
• quit(사직하다)

☐ Who is going to replace Albert when he **retires**?

알버트가 퇴직하면 누가 후임이 됩니까?

NEW TOEIC *VOCABULARY 1100*

Day

30

item

[áitəm]

▐▐▐▐

몡 품목, 물건, 조항, (짧은) 기사

◈ itemize 몡 항목별로 기입하다

☐ We check all **items** for defects before shipping.

우리는 모든 제품을 출하하기 전에 결함이 없는 지 확인하고 있다.

enable

[enéibəl]

▐▐▐▐

됨 가능하게 하다

※ 'enable+사람+to부정사' 형으로 쓰인다. en-은 동사를 만드는 접두사.

◈ ability 몡 능력

|관련어| • able to ~(~할 수 있다)

☐ The strong won **enabled** us to take a trip to Europe.

우린 원화 강세 덕에 유럽여행을 할 수 있었다.

estimate

[éstəmèit]

▐▐▐▐

됨 견적하다, 평가하다

몡 [éstəmit] 견적[서], 평가

◈ estimation 몡 견적, 판단, 평가

☐ Could you **estimate** the cost of building a villa?

별장 건축 비용을 견적해 주시겠어요?

match

[mætʃ]

동 어울리다, 필적하다
명 어울리는 한 쌍, 경쟁상대, 경기

◈ matching 형 어울리는

☐ I must buy a tie that **matches** this jacket.

이 재킷에 어울리는 넥타이를 사야 한다.

electric

[iléktrik]

형 전기의

◈ electricity 명 전기　　　　◈ electrical 형 전기에 관한

관련어 • electrician(전기 기술자)
　　　 • electric appliances(전기 기구)
　　　 • electric power(전력)
　　　 • electric bill(전기 요금 청구서)

☐ Henry works for an **electric** company as an apprentice technician.

헨리는 견습 기술자로 전기회사에서 일하고 있다.

fascinating

[fǽsənèitiŋ]

형 황홀케 하는, 매력적인

◈ fascinate 동 황홀하게 하다
◈ fascination 명 매력, 황홀

☐ There was a **fascinating** documentary on TV last night.

어젯밤 TV에서 재미있는 다큐멘터리가 방송되었다.

necessity

[nisésəti]

명 필요, 필수품

◈ necessitate 동 필요로 하다
◈ necessary 형 필요한(= essential, vital)
◈ necessarily 부 불가피하게
관련어 • unnecessary(불필요한)

☐ What some people think of as luxuries, other people consider **necessities**.

어떤 사람들이 사치품으로 생각하는 것들을 다른 사람들은 필수품으로 여긴다.

clarify

[klǽrəfài]

|동| 명확히 하다
- clarification |명| 설명, 해명
- clarity |명| 명확함
- clear |형| 명확한, 깨끗한

☐ Would you please **clarify** the prices for these items?
이들 품목의 가격을 정확히 알려 주시겠어요?

highlight

[háilàit]

|동| 두드러지게 하다, 강조하다
|명| 중요 부분, 가장 밝은 부분

☐ The media **highlighted** not so much the policies as the character of the president.
매스컴은 대통령의 정책보다는 인물을 부각시켰다.

simplify

[símpləfài]

|동| 간단히 하다, 단순화하다
- simple |형| 간단한, 단순한
- simply |부| 간단히, 알기 쉽게

☐ Could you **simplify** your explanation about the system?
그 시스템에 관한 설명을 간단히 해 주겠습니까?

reverse

[rivə́ːrs]

|동| 반대로 하다, 뒤집다
|명| 반대, 후진
|형| 뒷면의, 반대의
- reversal |명| 반전

☐ Their positions are now **reversed**.
그들의 입장은 이제 역전되었다.

amaze

[əméiz]

|동| 놀라게 하다
- amazement |명| 놀람
- amazing |형| 놀랄만한
- amazed |형| 깜짝 놀란
- amazingly |부| 놀랄 만큼

☐ It **amazes** me to think that Tom's now in charge of the company.
톰이 회사를 맡고 있는 것을 생각하면 놀랍다.

intensify

[inténsəfài]

▌▐▌▐

동 세게 하다, 증대하다

◈ intensity 명 격렬　　　◈ intense 형 격렬한, 강렬한
◈ intensive 형 집중적인　◈ intensively 부 집중적으로

☐ The manager **intensified** his efforts to gain the employees' trust.
　그 경영자는 사원의 신뢰를 얻으려고 열심히 노력했다.

ensure

[enʃúər]

▌▐▌▐

동 보증하다, 확실하게 하다

※ en-은 동사를 만드는 접두사.
관련어 • make sure(확실히 하다)

☐ I can not **ensure** that he will keep his word.
　그가 약속을 지키리라는 걸 보증할 수 없다.

owe

[ou]

▌▐▌▐

동 ~덕택으로 하다, 빚지다

관련어 • owing to ~(~때문에= because of, due to, thanks to)

☐ I **owe** my success to your advice.
　내 성공은 당신 조언 덕이다.

remind

[rimáind]

▌▐▌▐

동 생각나게 하다, 일깨우다

◈ reminder 명 생각나게 하는 사람[것]
관련어 • remind A of B(A에게 B가 생각나게 하다)

☐ **Remind** me to take my passport.
　잊지 말고 여권을 지참하라고 해 주세요.

dilute

[dilú:t]

▌▐▌▐

동 묽게 하다, 희석하다
형 물 탄, 묽은

◈ dilution 명 희석

☐ They **diluted** the solution with water.
　그들은 그 용액을 물로 묽게 했다.

international

[ìntərnǽʃənəl]
▮▮▮▮

형 국제적인

◇ internationalization 명 국제화
◇ internationalize 동 국제화하다
◇ internationally 부 국제적으로

관련어 • national(국내의= domestic) • global(세계적인)

☐ Some countries require an **international** driver's license.
일부 국가들은 국제 운전 면허증을 요구한다.

---

entertain

[èntərtéin]
▮▮▮▮

동 즐겁게 하다, 접대하다

◇ entertainment 명 오락, 접대
◇ entertainer 명 연예인
◇ entertaining 형 즐거운

☐ I'm supposed to **entertain** our buyers this Friday.
이번 주 금요일에 바이어들을 접대하기로 되어 있다.

---

double

[dʌ́bəl]
▮▮▮▮

동 2배로 하다   명 2배, 2인실
형 2배의

관련어 • double-check(재확인하다)
• halve(2등분하다)   • triple(3배의)
• quadruple(4배의)   • quintuple(5배의)

☐ Company profits have **doubled** since last year.
작년 이래 회사 이윤이 두 배가 되었다.

---

decline

[dikláin]
▮▮▮▮

명 쇠퇴, 하락
동 거절하다, 쇠퇴[하락]하다

관련어 • decrease(감소; 감소하다= drop)

☐ The biggest problem is the **decline** in the quality of the product.
가장 큰 문제는 제품의 품질 저하이다.

degree

[digríː]

명 정도, 학위, (온도 등의) 도

|관련어| • hold a degree in business(경영학의 학위를 지니다)

☐ I'll give in to a certain **degree**.

내가 어느 정도까지는 양보하겠다.

graduate

[grǽdʒuèit]

동 졸업하다, 학위를 주다   명 [grǽdʒuit] 졸업생
형 학사학위를 받은

◇ graduation 명 졸업

|관련어| • commencement(졸업식)

☐ He recently **graduated** from an American college.

그는 최근 미국 대학을 졸업했다.

limit

[límit]

동 한정[제한]하다
명 한계, 한도

◇ limitation 명 제한, 한계
◇ limited 형 제한된
◇ limiting 형 제한하는
◇ limitless 형 제한이 없는, 무한의

※ -less는 '~없는'이라는 의미의 접미사.

|관련어| • limited company(유한 회사)
• limited edition(한정판)

☐ Let's try and **limit** our spending.

지출을 가능한 제한하도록 해봅시다.

contain

[kəntéin]

동 포함하다, 함유하다

◇ container 명 용기, 컨테이너
|관련어| • content(내용, 내용물)

☐ This mail **contains** classified information.

이 우편물에는 극비 정보가 들어 있다.

imply
[implái]

⬛ 암시하다, 함축하다

◈ implication 몡 암시

|관련어| • infer(추측하다)

☐ James **implied** that he was close with the president.
제임스는 사장과 가깝다는 것을 넌지시 비쳤다.

merger
[mə́:rdʒər]

몡 합병
⬛ 합병하다

◈ merge 몡 합병하다

|관련어| • mergers and acquisitions(M&A 기업 입수 합병)

☐ The two banks are discussing the possibility of a **merger**.
그 두 은행은 합병 가능성에 관해 토의하고 있다.

particular
[pərtíkjələr]

몡 상세, 항목
휑 특정한, 독특한, 까다로운

◈ particularly 윗 특히

|관련어| • in particular(특히)
• particular about ~(~의 취미가 까다로운)

☐ We had nothing in **particular** to do on that day.
우리는 그날 특히 할 일이 없었다.

challenging
[tʃǽlindʒiŋ]

어려운, 해볼 만한

◈ challenge 몡몡 도전하다; 도전, 난제

|관련어| • difficult(어려운)
• hard(어려운)
• demanding(고된)

☐ We expect this coming year to be a very **challenging** one in the
toy market.
우리는 올해가 완구 판매 시장에서 매우 힘든 한 해가 되리라 생각한다.

detail

[diːtéil]

명 세부 사항, 항목, 사소한 일
동 상술하다

◇ detailed 형 상세한
|관련어| • in detail(상세하게)

☐ You can find out more **details** from our brochure.
상세한 것은 저희 회사 브로셔에서 확인하실 수 있습니다.

article

[áːrtikl]

명 기사, 항목, 품목

☐ I read an **article** about chocolate and its effect on children's teeth.
초콜릿과 그것이 아이들 치아에 미치는 영향에 관한 기사를 읽었다.

accord

[əkɔ́ːrd]

명 일치, 합의
동 일치하다, 조화되다

◇ accordance 명 일치
|관련어| • of one's own accord(자발적으로)
         • in accordance with(~에 따라서= in compliance with)

☐ The scheme was in **accord** with the idea of the president.
그 계획은 사장의 생각과 일치했다.

add

[æd]

동 더하다, 합산하다

◇ addition 명 추가, 덧셈
◇ additional 형 추가적인, 특별한
◇ additive 형 추가의
|관련어| • extra(추가의)
         • deduct(빼다)
         • subtract(빼다)

☐ Please **add** Mr. Wilson's name to the invitation list.
초청자 명단에 윌슨 씨의 이름을 추가해 주세요.

dismiss

[dismís]
▮▮▮▮

동 해고하다, 해산시키다

◇ dismissal 명 해고, 해산

|관련어| • fire(해고하다)

☐ Mr. Morris was **dismissed** for pocketing company money.

모리스 씨는 공금 유용 혐의로 해고됐다.

expenditure

[ikspénditʃər]
▮▮▮▮

명 지출

☐ The **expenditure** on the project was larger than they had anticipated.

그 계획에 대한 지출은 그들이 예상했던 것보다 많았다.

kindness

[káindnis]
▮▮▮▮

명 친절[한 행위], 상냥함

◇ kind 명형 종류; 친절한, 사려 깊은

◇ kindly 부 친절하게

|관련어| • unkind(불친절한)

☐ I'll never forget your **kindness**.

당신의 친절을 결코 잊지 않겠습니다.

improve

[imprúːv]
▮▮▮▮

동 개량하다, 향상시키다

◇ improvement 명 개량, 향상

☐ We are trying to **improve** our work environment.

루니는 직장 환경을 향상시키려고 노력하고 있다.

head

[hed]
▮▮▮▮

동 ~로 향하다, 나아가다
명 머리, 우두머리

☐ Where are you **headed**?

어디로 가고 있어요?

value

[vǽljuː]
▮▮▮▮

명 가치, 가격, 진가
동 평가하다, 존중하다

◇ valuable 형명 귀중한, 고가의; 〈보통 복수형으로〉 귀중품
◇ valued 형 높이 평가된

☐ The nutritional **value** of fish is high.
생선의 영양가는 높다.

remove

[rimúːv]
▮▮▮▮

동 삭제하다, 해임하다, 이전하다

◇ removal 명 제거, 해임, 이전

☐ Please **remove** my name from the mailing list.
메일 목록에서 제 이름을 삭제해 주세요.

administrative

[ædmínəstrèitiv]
▮▮▮▮

명 경영의, 행정의

◇ administrate 동 관리하다
◇ administer 동 관리하다, 경영하다
◇ administration 명 경영, 행정

☐ John's **administrative** skills are valued by the company.
존의 경영 수완은 그 회사에서 인정받고 있다.

나·오·는·단·어·만·외·운·대!

NEW TOEIC *VOCABULARY 1100*

Appendix

어원편

접두어 · 어근 · 접미어

영어 단어에는 단어를 구성하는 주요한 어근 성분 즉 어근에 접두어, 접미어를 붙여 파생어를 이루는 것이 많습니다. 어근과 접두어, 접미어를 알고 있으면 모르는 단어의 의미를 유추하는 것뿐만 아니라 단어를 체계적으로 암기하고 암기한 단어를 오래 기억할 수 있습니다.

중요 접두어 정리

■ **anti-** 반대, 역, 반항, 예방
  ⊙ *anti*nuclear 반핵의
  ⊙ *anti*cancer 항함의

■ **auto-** 자동, 스스로
  ⊙ *auto*mation 자동화
  ⊙ *auto*biography 자서전

■ **bene-** 좋은
  ⊙ *bene*volent 인정 많은

■ **bi-** 둘(수량의 의미를 나타낸다)
  ⊙ *bi*cycle 자전거
  ⊙ *bi*weekly 격주의

■ **bio-** 생명, 생물
  ⊙ *bio*technology 생명공학
  ⊙ *bio*logy 생물학

■ **centi-, cent-** 백(수량의 의미를 나타낸다)
  ⊙ *centi*meter 센티미터
  ⊙ *cent*ury 세기

■ **co-, col-, com-, con-, cor-** 함께, 서로, 같은 정도로, 보조
  ⊙ *co*education (남녀) 공학
  ⊙ *co*pilot 부조종사
  ⊙ *col*laborate 협력하다
  ⊙ *com*pany 동료
  ⊙ *con*cord 일치
  ⊙ *cor*porate 공동의

■ **contra-** 반대, 역
  ⊙ *contra*dict 부정하다
  ⊙ *contra*distinction 대비

■ **dis-** 반대, 역, 부정
  ⊙ *dis*agree 일치하지 않다
  ⊙ *dis*honest 부정직한

■ **en-** ~로 만들다(동사를 만든다)
  ⊙ *en*large 확대하다

■ **ex-** 밖으로, 앞의
  ⊙ *ex*port 수출하다
  ⊙ *ex*-president 전 대통령

■ **fore-** (장소·시간적으로) 이전의
  ⊙ *fore*head 이마
  ⊙ *fore*cast 예보하다

■ **il-, im-, in-, ir-** 부정
  ⊙ *il*legal 불법인
  ⊙ *im*mature 미숙한
  ⊙ *in*correct 부정확한
  ⊙ *ir*regular 불규칙한

■ **im-, in-** 안으로
  ⊙ *im*port 수입하다
  ⊙ *in*come 수입

■ **inter-** 사이에, 상호
  ⊙ *inter*rupt 방해하다

⊙ *interaction* 상호작용

■ **mal(e)-** 불충분, 나쁜
⊙ *mal*nutrition 영양부족
⊙ *male*volent 악의 있는

■ **mid-** (장소, 시간적으로) 중간, 도중
⊙ *mid*land 중부 지방
⊙ *mid*night 한 밤중
⊙ *mid*way 중도

■ **mini-** 소형의
⊙ *mini*bus 소형 버스

■ **mis-** 틀린, 불길한, 나쁜
⊙ *mis*read 잘못 읽다
⊙ *mis*fortune 불운
⊙ *mis*deed 악행

■ **mono-** 하나(수량의 의미를 나타낸다)
⊙ *mono*poly 독점
⊙ *mono*gamy 일부일처제

■ **multi-** 많은(수량의 의미를 나타낸다)
⊙ *multi*national 다국적의

■ **non-** 부정, 반대
⊙ *non*fiction 논픽션
⊙ *non*nuclear 비핵의

■ **out-** 뽑아내어, 밖에, 떨어져
⊙ *out*do 능가하다
⊙ *out*door 옥외의

■ **over-** ~위로 넘어, 위, ~보다 많이
⊙ *over*crowded 초만원의
⊙ *over*throw 타도하다

■ **pan-** 전…, 총…, 범…
⊙ *pan*orama 전경
⊙ *pan*-Pacific 범태평양의

■ **ped-** 발
⊙ *ped*al 페달

■ **phono-, phon-** 소리
⊙ *phono*graph 축음기
⊙ *phon*etic 음성의

■ **poly-** 다수
⊙ *poly*gamy 일부다처제
⊙ *poly*glot 수개 국어를 알고 있는

■ **port-** 나르다
⊙ *port*able 휴대용의

■ **post-** 후에, 다음의, 뒤에, 우편
⊙ *post*war 전후의
⊙ *post*card 엽서

■ **pre-** 이전의, 사전에
⊙ *pre*war 전쟁 전의
⊙ *pre*paid 선불한

■ **pro-** 대용, 앞으로, 찬성
⊙ *pro*noun 대명사
⊙ *pro*ceed 전진하다
⊙ *pro*-Korean 한국에 우호적인

■ **re-** 다시
⊙ *re*cycle 재활용하다

■ **self-** 스스로, 자동
⊙ *self*-service 셀프서비스의
⊙ *self*-locking 자동으로 자물쇠가 잠기는

■ **semi-** 반
  ⊙ *semi*circle 반원

■ **sub-** 준…, 부…, 아래에, 이하
  ⊙ *sub*title 부제
  ⊙ *sub*way 지하철
  ⊙ *sub*sonic 음속 이하의

■ **super-, sur-** 위에, 과잉, 초…, 초과
  ⊙ *super*fluous 여분의
  ⊙ *super*natural 초자연의
  ⊙ *super*sonic 초음속의

■ **sym-, syn-** 함께, 같은, 유사
  ⊙ *sym*pathy 공감.
  ⊙ *syn*onym 동의어, 유의어

■ **tele-** 멀리, 텔레비전의
  ⊙ *tele*pathy 텔레파시
  ⊙ *tele*cast 텔레비전 방송

■ **trans-** 이쪽에서 저쪽으로, 횡단, 수송, 변환
  ⊙ *trans*continental 대륙횡단의
  ⊙ *trans*parent 투명한
  ⊙ *trans*port 수송하다
  ⊙ *trans*form 변형시키다

■ **tri-** 셋(수량의 의미를 나타낸다)
  ⊙ *tri*cycle 삼륜차

■ **un-** 반대, 역
  ⊙ *un*happy 불행한
  ⊙ *un*cover 덮개를 열다

■ **under-** 불충분, 아래에
  ⊙ *under*developed 저개발의
  ⊙ *under*ground 지하의

■ **uni-** 하나(수량의 의미를 나타낸다)
  ⊙ *uni*form 제복

■ **up-** 위에, 깊숙한 곳에, 개선, 혼란
  ⊙ *up*land 고지
  ⊙ *up*country 오지의
  ⊙ *up*grade 업그레이드하다
  ⊙ *up*roar 대소동

■ **vice-** 부…, 대리
  ⊙ *vice*-president 부통령, 부사장

중요 어근 정리

■ **-able-** 가능한
- ⊙ **able**   쉽게 지닐 수 있는 → 형 ~할 수 있는, 가능한
- ⊙ **abil**ity   가능한 상태 → 명 능력, 기량
- ⊙ dis**able**   능력을 빼앗다 → 동 무능하게 하다
- ⊙ en**able**   가능한 상태로 하다 → 동 (사람에게) ~할 수 있게 하다
- ⊙ un**able**   가능하지 않은 → 형 ~할 수 없는

■ **-act-** 행동하다
- ⊙ **act**   행해진 것 → 명 행위
- ⊙ **act**or   행동하는 사람 → 명 배우
- ⊙ **act**ual   행해진 → 형 현실의
- ⊙ en**act**   ~의 안에 행동하다[기억하다] → 동 (법률을) 제정하다
- ⊙ ex**act**   밖으로 행동하다[물리치다] → 형 정확한
- ⊙ re**act**   뒤로 작용하다 → 동 반응하다
- ⊙ trans**act**   넘어서 행동하다 → 동 (업무를) 행하다

■ **-arch-** 지배자, 군주
- ⊙ **arch**itect   주요한 목수 → 명 건축가
- ⊙ an**arch**y   지배자가 없는 상태 → 명 무정부 상태
- ⊙ hier**arch**y   성직자 지배 상태 → 명 계층제
- ⊙ mon**arch**   1인 지배자 → 명 군주

■ **-base-** 토대
- ⊙ **base**   토대 → 명 토대, 기초
- ⊙ **bas**ic   토대의 → 형 기본적인
- ⊙ **bas**is   토대 → 명 기초, 근거
- ⊙ de**base**   기준보다 아래 → 동 (품질, 가치 등을) 떨어뜨리다

■ **-bate-** 때리다
- ⊙ a**bate**   강하게 때리다 → 동 감소시키다
- ⊙ de**bate**   의논으로 때려눕히다 → 명동 의논[하다]
- ⊙ re**bate**   역으로 되받아치다 → 명 환불

■ **-cap-** 머리

⊙ **cap**   머리에 쓰는 것 → 명 모자

⊙ **cap**e   선두, 선단 → 명 갑

⊙ **cap**ital   머리의, 주요한 → 명 수도

⊙ **cap**tain   머리에 서는 사람 → 명 장, 캡틴

⊙ **chap**ter   소두목 → 책의 일부 → 명 장

■ **-cede-, -ceed-** 가다

⊙ suc**ceed**   다음으로 가다 → 동 ~의 뒤를 잇다

⊙ ac**cede**   ~로 가다 → 동 동의하다

⊙ con**cede**   함께 가다 → 동 인정하다, 양보하다

⊙ ex**ceed**   밖으로 가다 → 동 넘어서다, 초과하다

⊙ pro**ceed**   앞쪽으로 가다 → 동 전진하다, 진행하다

⊙ re**cede**   뒤쪽으로 가다 → 동 물러나다

⊙ se**cede**   떨어져 가다 → 동 탈퇴하다

■ **-ceive-** 집다, 잡다

⊙ re**ceive**   다시 집다 → 동 받다

⊙ con**ceive**   충분히 잡다[집다] → 동 마음에 그리다

⊙ de**ceive**   떨어져 잡다 → 함께 떠나다 → 동 속이다

⊙ per**ceive**   완전히 잡다 → 동 알아채다

■ **-cent-** 100

⊙ **cent**   100[분의 1] → 명 센트

⊙ **cent**igrade   100의 눈금 → 형 섭씨의

⊙ **cent**imeter   미터의 100분의 1 → 명 센티미터

⊙ **cent**ury   100 단위 → 명 세기

⊙ per**cent**   100에 붙음 → 명 퍼센트

■ **-center-** 중심

⊙ **center**   원의 중심점 → 명 중심, 중앙

⊙ **cent**ral   중심점의 → 형 중심의, 중앙의

⊙ con**centr**ate   같은 중심으로 모이다 → 동 집중하다

⊙ ec**centr**ic   중심에서 밖으로 벗어난 → 형 상궤를 벗어난

⊙ epi**center**   중심의 위 → 명 진원지

■ **-cept-** 잡다
- ⊙ ac**cept** ~에 대해 받아들이다 → 통 받아들이다
- ⊙ con**cept** 완전히 받아들이는 [것] → 명 개념
- ⊙ ex**cept** 밖으로 끄집어내다 → 전 ~을 제외하고는
- ⊙ inter**cept** 사이에서 잡다 → 통 도중에서 빼앗다, 저지하다
- ⊙ pre**cept** 미리 잡다 → 미리 명령하다 → 명 교훈, 계율

■ **-chron-** 시간
- ⊙ **chron**ic 시간의 → 형 장기간에 걸친
- ⊙ **chron**icle → 명 연대기
- ⊙ **chron**ometer 시간의 계량 → 명 크로노미터, 초정밀 시계
- ⊙ ana**chron**ism 시간에 거스르는 것 → 명 시대착오
- ⊙ syn**chron**ize 동시에 일어나다 → 통 동시에 일어나다

■ **-circ-** 원, 바퀴
- ⊙ **circ**le 작은 바퀴 → 명 원, 동아리
- ⊙ **circ**uit 둥글게 돈 → 명 일주, 순회
- ⊙ **circ**ulate 원을 이루다 → 통 순환하다
- ⊙ **circ**umference 둘레에서 나르는 것 → 명 원주, 원둘레
- ⊙ **circ**umstance 둘레에 서 있는 → 명 사정, 상황

■ **-claim-** 외치다
- ⊙ **claim** 외치다 → 통 요구하다
- ⊙ ex**claim** 밖으로 외치다 → 통 (감정을 담아) 외치다
- ⊙ ac**claim** ~에게 향해 외치다 → 통 환호하다
- ⊙ pro**claim** (모두의) 앞에서 외치다 → 통 선언하다, 공표하다
- ⊙ re**claim** 다시 외치다 → 통 반환을 요구하다, 개간하다

■ **-clude-** 닫다
- ⊙ con**clude** 완전하게 닫다 → 통 마치다, 결론을 내리다
- ⊙ ex**clude** 밖으로 닫다 → 통 쫓아내다
- ⊙ in**clude** 안으로 닫다 → 통 포함하다, 포함시키다
- ⊙ pre**clude** 미리 닫다 → 통 방지하다
- ⊙ se**clude** 떨어져 닫다 → 통 떼어 놓다

■ **-cord-, -cour-** 마음
- ⊙ re**cord** 다시 마음에 돌아오다 → 명통 기록[하다]
- ⊙ ac**cord** ~에 마음을 모으다 → 통 일치하다

- ⊙ con**cord** 함께[같은] 마음을 가지는 것 → 몡 조화
- ⊙ dis**cord** 마음이 떨어지는 (것) → 몡 불일치
- ⊙ **cord**ial 마음으로부터의 → 혱 마음으로부터의
- ⊙ **cour**age 마음의 상태[특색] → 몡 용기

■ -corp- 몸
- ⊙ **corp**oral 몸의 → 혱 육체의
- ⊙ **corp**s → 몡 군단
- ⊙ **corp**se → 몡 사체
- ⊙ **corp**orate 한 몸으로 된 → 혱 법인의, 단체의
- ⊙ in**corp**orate 한 몸을 이루다 → 동 결합하다

■ -cracy- 지배, 정치
- ⊙ demo**cracy** 민중의 지배 → 몡 민주주의
- ⊙ aristo**cracy** 최상의 (사람들의 의한) 지배 → 몡 귀족정치
- ⊙ bureau**cracy** 관청의 지배 → 몡 관료정치

■ -cred- 믿다
- ⊙ **cred** → 몡 신조
- ⊙ **cred**o → 몡 신조
- ⊙ **cred**itor 신용하는 사람 → 몡 채권자
- ⊙ **cred**itable 믿을 수 있는 → 혱 명예가 되는
- ⊙ in**cred**ible 믿을 수 없는 → 혱 믿을 수 없는
- ⊙ **cred**ulous 믿기 쉬운 → 혱 쉽게 믿는
- ⊙ **cred**ence → 몡 신용, 신뢰

■ -cru- 십자가
- ⊙ **cru**cial 십자가의 → 엄한 → 혱 결정적인
- ⊙ **cru**cify 십자가에 고정하다 → 동 십자가에 못 박다
- ⊙ **cru**sade 십자가 표시를 붙인 것 → 몡 십자군

■ -cur- 주의, 돌봄
- ⊙ **cur**e 돌보다 → 몡동 치료[하다]
- ⊙ **cur**ious 주의 깊은 → 혱 호기심이 강한
- ⊙ mani**cur**e 손 돌봄[주의] → 몡 매니큐어
- ⊙ pro**cur**e ~대신 돌보다 → 동 손에 넣다
- ⊙ se**cur**e 걱정이 없는 → 혱 안전한

■ **-cur-** 달리다
- ⊙ oc**cur**   ~로 달려오다 → 통 **일어나다; 생기다**
- ⊙ con**cur**   함께 달리다 → 통 **일치하다**
- ⊙ in**cur**   안으로 달리다 → 통 **(위험을) 자초하다**
- ⊙ re**cur**   뒤로 달리다 → 통 **재발하다, (생각.기억이) 되살아나다**
- ⊙ **cur**rent   달리고 있는 → 형 **현재의**
- ⊙ ex**cur**sion   밖으로 달리는 것 → 명 **짧은 여행**

■ **-dic-, -dict-** 말하다
- ⊙ **dic**tate   반복해서 말하다 → 통 **받아쓰게 하다**
- ⊙ **dict**ionary   단어 책 → 명 **사전**
- ⊙ bene**dic**tion   좋게 말하는 것 → 명 **축복**
- ⊙ contra**dict**   반대해서 말하다 → 통 **부정하다**
- ⊙ pre**dict**   미리 말하다 → 통 **예언하다**

■ **-fact-** 만들다, 행하다
- ⊙ **fact**   만들어진 것 → 명 **사실**
- ⊙ **fact**or   결과를 이루는 것 → 명 **요소**
- ⊙ **fact**ory   만드는 곳 → 명 **공장**
- ⊙ **fac**simile   같은 모양으로 만들다 → 명 **복제**
- ⊙ manu**fact**ure   손으로 만드는 것 → 명통 **제조[하다]**

■ **-fer-** 옮기다
- ⊙ pre**fer**   앞쪽으로 옮기다(놓다) → 통 **보다 좋아하다**
- ⊙ con**fer**   함께 옮기다 → 비교하다 → 통 **수여하다**
- ⊙ de**fer**   떼어 옮기다 → 늦추다 → 통 **연기하다**
- ⊙ dif**fer**   떼어 옮기다 → 서로 다르다 → 통 **다르다**
- ⊙ in**fer**   안으로 옮기다 → 도입하다 → 통 **추론하다**
- ⊙ of**fer**   눈앞으로 옮기다 → 통 **제공하다**
- ⊙ re**fer**   뒤로 옮기다[되돌리다] → 통 **언급하다**
- ⊙ suf**fer**   아래로 옮기다 → 참다 → 통 **괴로워하다**
- ⊙ trans**fer**   넘어 옮기다 → 통 **옮기다**
- ⊙ **fer**ry   옮기는 [곳] → 명 **나루터**

■ **-fin-** 끝
- ⊙ **fin**e   끝 → 궁극 → 형 **훌륭한**
- ⊙ **fin**e   끝 → 청산 → 명 **벌금**
- ⊙ **fin**al   끝의 → 형 **최후의**

- ⊙ **fin**ance 　마치는[지불하는] 것 → 몡 금융
- ⊙ **fin**ish 　끝내다 → 통 종료하다
- ⊙ con**fine** 　함께 경계를 만들다 → 통 가두다; 제한하다
- ⊙ de**fine** 　완전하게 경계를 만들다 → 통 정의하다
- ⊙ re**fine** 　더욱 훌륭하게 하다 → 통 정제하다
- ⊙ in**fin**ite 　끝이 없는 → 혱 무한한

■ **-firm-** 강한
- ⊙ **firm** 　강한 → 혱 견고한
- ⊙ af**firm** 　~에게 강하게 말하다 → 통 주장하다
- ⊙ con**firm** 　더욱 강하게 하다 → 통 확실하게 하다
- ⊙ in**firm** 　강하지 않은 → 혱 허약한

■ **-flo-** 꽃
- ⊙ **flo**wer 　→ 몡 꽃
- ⊙ **flo**ur 　식사의 최상의 부분 → 몡 밀가루
- ⊙ **flo**rid 　꽃과 같은 → 혱 불그레한
- ⊙ **flo**ra 　→ 몡 식물[군]

■ **-flu-** 흐르다
- ⊙ **flu**ent 　흐르는 듯한 → 혱 유창한
- ⊙ **flu**id 　흐르고 있는 → 몡 유동체
- ⊙ **flu**sh 　충분히 흐르는 → 혱 넘칠 듯한; 수평의
- ⊙ af**flu**ent 　~에 흐르다 → 혱 풍부한
- ⊙ in**flu**ence 　(별에서 지구) 안으로 흘러 들어오는 것 → 몡 영향
- ⊙ in**flu**enza 　(별에서 지구) 안으로 흘러 들어오는 것 → 몡 인플루엔자
- ⊙ super**flu**ous 　위에 흐르는 → 혱 여분의

■ **-form-** 모양, 형성하다
- ⊙ **form** 　→ 몡 모양
- ⊙ **form**al 　모양의 → 모양에 들어맞는 → 혱 공식의
- ⊙ **form**ula 　작은 모양 → 몡 공식
- ⊙ con**form** 　함께 형성하다 → 통 (규칙에) 따르다
- ⊙ de**form** 　모양을 망가뜨리다 → 통 불구로 만들다
- ⊙ in**form** 　(마음) 속에 형성하다 → 통 알리다
- ⊙ per**form** 　완전하게 형성하다 → 통 실행하다
- ⊙ re**form** 　다시 형성하다 → 통 개혁하다
- ⊙ trans**form** 　모양을 바꾸다 → 통 변형하다
- ⊙ uni**form** 　하나의 모양 → 몡 제복

■ -fort- 강한

- ⊙ e**fort**   밖으로 힘을 내보내다 → 몡 노력
- ⊙ com**fort**   함께 강하게 하다 → 힘을 돋우다 → 몡 위로하다
- ⊙ **fort**   강한 (것) → 몡 요새
- ⊙ **fort**ify   강하게 하다 → 동 강화하다
- ⊙ **fort**itude   강한 상태 → 몡 인내

■ -fuse- 붓다

- ⊙ con**fuse**   함께 붓다 → 동 혼동하다
- ⊙ dif**fuse**   떼어 붓다 → 동 확산시키다
- ⊙ pro**fuse**   앞에 부어진 → 혱 아끼지 않는
- ⊙ re**fuse**   되받아 붓다 → 동 거절하다
- ⊙ **fuse**   부어질 수 있게 된[용해된] → 몡 퓨즈

■ -gen- 낳다, 종족

- ⊙ **gen**eration   낳는 것 → 낳아진 것 → 몡 한 세대 사람들
- ⊙ **gen**esis   태어난 근원 → 몡 기원, 창시
- ⊙ **gen**uine   태어나서 부터의 → 혱 진짜의
- ⊙ **gen**e   같은 종족(을 낳는 것) → 몡 유전자
- ⊙ **gen**eral   종족 전체의 → 종족을 이끄는 사람 → 혱몡 전체적인; 장군
- ⊙ **gen**erous   고귀한 종족[가계]의 → 혱 관대한
- ⊙ **gen**tle   같은 종족[가계]의 → 좋은 가계의 → 혱 온화한

■ -gest- 나르다

- ⊙ **gest**ure   나르는[전달하는] 것 → 몸의 동작 → 몡 몸짓
- ⊙ con**gest**   함께 나르다 → 채우다 → 동 억지로 채워 넣다
- ⊙ di**gest**   나눠 나르다 → 동 소화하다
- ⊙ sug**gest**   아래에서 나르다 → 동 암시하다; 제안하다

■ -grad- 단계

- ⊙ **grad**e   짓밟는 것 → (밟는) 계단 → 몡 등급, 성적
- ⊙ **grad**ual   단계적인 → 혱 조금씩
- ⊙ **grad**uate   높은 단계[=학위]를 얻은 사람 → 몡 졸업생
- ⊙ de**grad**e   단계를 낮추다 → 동 강등하다, 좌천하다
- ⊙ up**grad**e   단계를 올리다 → 동 등급을 올리다

■ -gram- 쓴 것
- ⊙ pro**gram**   사전에 쓴 것 → 몡 프로그램
- ⊙ dia**gram**   가로질러 쓴 것 → 선으로 그린 것 → 몡 그림
- ⊙ tele**gram**   멀리 쓴 것 → 몡 전보
- ⊙ **gram**mar   쓰여진 것 → 쓰는 기술 → 몡 문법

■ -graph- 그리다, 쓰다
- ⊙ **graph**   그린 것 → 몡 그래프
- ⊙ auto**graph**   자기자신이 쓴 것 → 몡 서명; 사인
- ⊙ para**graph**   옆에 쓴 것 → 끊어지는 곳 표시 → 몡 절; 단락
- ⊙ photo**graph**   빛으로 그린 것 → 몡 사진
- ⊙ tele**graph**   멀리 쓰는 것 → 몡 전보; 전신

■ -greg- 무리
- ⊙ se**greg**ate   무리에서 떨어지다 → 통 격리하다
- ⊙ ag**greg**ate   무리에 가담한 → 혱 집합한
- ⊙ con**greg**ate   함께 모여 무리를 이루다 → 통 집합하다
- ⊙ **greg**arious   무리의 → 혱 떼 지어 사는

■ -gress- 나아가다
- ⊙ pro**gress**   앞쪽으로 나아가다 → 몡 전진, 진보
- ⊙ ag**gress**ive   ~로 나아가다 → 혱 공격적인
- ⊙ con**gress**   함께 나아가다 → 함께 모이는 (회합) → 몡 의회
- ⊙ re**gress**   뒤로 나아가다 → 통 후퇴하다

■ -hab-, -hib- 지니다, 유지하다
- ⊙ **hab**it   지니도록 된 것 → 몡 습관
- ⊙ in**hab**it   안에 유지하다 → ~에 살다 → 통 거주하다
- ⊙ ex**hib**it   밖에 지니다 → 통 전시하다
- ⊙ in**hib**it   안에 유지하다 → 통 억제하다
- ⊙ pro**hib**it   앞쪽에 지니다 → (남을) 억압하다 → 통 금지하다

■ -ject- 던지다
- ⊙ pro**ject**   앞쪽으로 던지다 → 통 발사하다; 계획하다
- ⊙ de**ject**   아래로 던지다 → 통 낙담시키다
- ⊙ e**ject**   밖으로 던지다 → 통 쫓아내다
- ⊙ in**ject**   안으로 던지다 → 통 주사하다
- ⊙ inter**ject**   사이로 던지다 → 통 (말)참견을 하다

- ⊙ ob**ject** ~로 던지다 → 던져진 것 → 몡 **물건**
- ⊙ re**ject** 뒤로 던지다 → 되던지다 → 통 **거절하다**
- ⊙ sub**ject** 아래로 던지다 → 아래에 놓인 → 혱 **지배를 받는**

■ -**journ**- 일(日)

- ⊙ **journ**al 매일의 → 몡 **일지**
- ⊙ **journ**ey 하루의 일정 → 몡 **여행**
- ⊙ ad**journ** 정해진 날로 (옮기다) → 통 **연기하다**
- ⊙ so**journ** 날의 아래에서 하루를 보내다 → 통 **체류하다**

■ -**lapse**- 미끄러지다

- ⊙ **lapse** 미끄러지는 것 → 잘못을 범하는 것 → 몡 **과실; 일탈**
- ⊙ col**lapse** 함께 미끄러져 떨어지다 → 통 **붕괴하다**
- ⊙ e**lapse** 밖으로 미끄러지다 → 통 〈시간이〉 **경과하다**

■ -**lect**- 모으다; 고르다

- ⊙ se**lect** 떨어뜨려 고르다 → 통 **선발하다**
- ⊙ col**lect** 함께 모으다 → 통 **수집하다**
- ⊙ e**lect** 밖에 고르다 → 통 (선거로) **뽑다**
- ⊙ intel**lect** 사이에서 고르는 능력 → 식별[이해]력 → 몡 **지성**
- ⊙ neg**lect** (주워) 모을 수 없는 → 받아들일 수 없는 → 통 **무시하다**

■ -**limi**- 경계

- ⊙ **limi**t 밭 사이에 있는 경계선 → 몡 **경계**
- ⊙ e**limi**nate 경계선 밖으로 몰아내다 → 통 **제거하다**
- ⊙ pre**limi**nary 경계선 앞의 → 혱 **예비의**

■ -**loc**- 장소

- ⊙ **loc**al 장소(의) → 혱 **지방의**
- ⊙ **loc**ate (장소에) 놓다 → 통 **위치하다**
- ⊙ al**loc**ate 장소에 놓다 → 통 **할당하다**

■ -**log**- 말

- ⊙ **log**ic 말의 학문 → 몡 **논리학**
- ⊙ ana**logy** 말에 대하여 → 말과 말의 대응 → 몡 **유사**
- ⊙ apo**logy** (죄에서) 떨어지기 위한 말 → 변명 → 몡 **사죄**
- ⊙ dia**logue** 말을 서로 교환하는 것 → 몡 **대화**
- ⊙ mono**logue** 한 사람의 말 → 몡 **독백**
- ⊙ pro**logue** 앞선 말 → 몡 **예언**

■ -medi- 치료[하다]

- ⊙ **medi**cal   치료의 → 형 의학의
- ⊙ **medi**cine   치료 기술 → 명 약
- ⊙ re**medi**y   다시 치료하다 → 명 치료[법]

■ -medi- 중간의

- ⊙ **medi**um   중간의 (상태) → 명 중간
- ⊙ **medi**ate   중간에 위치하다 → 통 중재하다
- ⊙ **medi**eval   중간 시대의 → 명 중세의
- ⊙ **medi**terranean   땅의 중간에 있는 → 명형 지중해(의)
- ⊙ im**medi**ate   중간에 아무 것도 없는 → 명 직접의; 즉석의
- ⊙ inter**medi**ate   중간[한가운데]에 놓여 있는 → 형 중간에 있는

■ -mem- 생각나다; 기억

- ⊙ **mem**ory   생각나는 것 → 명 기억
- ⊙ **mem**o(randum)   생각되는 (것) → 명 메모
- ⊙ im**mem**orial   기억에 남아 있지 않은 → 형 먼 옛날의
- ⊙ com**mem**orate   함께 생각나다 → 통 기념하다

■ -min- 작은

- ⊙ **min**or   보다 작은 → 형 작은 쪽의
- ⊙ **min**imum   가장 작은 (것) → 형명 최소의 (수[량])
- ⊙ **min**ister   보다 작은[열등한] 사람 → 하인 → 명 성직자; 장관
- ⊙ **min**ute   가장 작은 부분 → 1시간의 1/60 → 명 분
- ⊙ di**min**ish   완전히 작게 하다 → 통 축소하다

■ -minen- 튀어나오다

- ⊙ e**minen**t   밖으로 튀어나오는 → 형 저명한, 걸출한
- ⊙ im**minen**t   안에 튀어나오는 → 형 임박한
- ⊙ pro**minen**t   앞쪽으로 튀어나오는 → 형 돌출한, 주목을 끄는

■ -mit- 보내다

- ⊙ per**mit**   ~을 통해 보내다 → 통과를 허락하다 → 통 허가하다
- ⊙ ad**mit**   ~로 보내다[가게 하다] → 통 승인하다
- ⊙ com**mit**   함께 보내다 → 통 위탁하다, 위임하다
- ⊙ e**mit**   밖으로 보내다 → 통 방출하다
- ⊙ o**mit**   ~근처를 보내다 → 무시하다 → 통 생략하다
- ⊙ sub**mit**   아래로 보내다 → 통 복종하다
- ⊙ trans**mit**   가로질러 보내다 → 통 〈물건을〉 보내다, 전하다

■ -mon- 경고하다

- ⊙ **mon**itor 경고하는 사람 → 몡 감시 장치
- ⊙ **mon**ster 경고하는 것 → 신의 불길한 경고 → 몡 괴물
- ⊙ ad**mon**ish ~에게 경고하다 → 통 권고하다
- ⊙ sum**mon** 아래에[비밀리에] 경고하다 → 암시하다 → 통 호출하다

■ -mot- 움직이다

- ⊙ pro**mot**e 앞쪽으로 움직이다 → 통 촉진하다
- ⊙ e**mot**ion 밖으로 움직여진 상태 → 몡 감정
- ⊙ re**mot**e 뒤로 움직인 → 혱 먼
- ⊙ loco**mot**ive 장소를 이동하는 → 몡 기관차

■ -mount- 산(에 오르다)

- ⊙ a**mount** 산에 올라 → 통몡 ~에 이르다; 합계
- ⊙ dis**mount** 산에서 내려 → 통 (말 등에서) 내리다
- ⊙ para**mount** 산에 오르는 것에서 → 정상에 있는 → 혱 최고의
- ⊙ sur**mount** 산을 넘어올라 → 통 극복하다

■ -norm- 표준

- ⊙ **norm**al 표준에 부합한 → 혱 표준의, 기준의
- ⊙ **norm**alize 표준에 맞게 하다 → 통 정상화하다
- ⊙ ab**norm**al 표준을 벗어난 → 혱 이상한
- ⊙ e**norm**ous 표준을 벗어난 → 혱 거대한

■ -nounc- 발표하다

- ⊙ an**nounc**e ~에 발표하다 → 통 공표하다
- ⊙ de**nounc**e 아래로 발표하다 → 나쁘게 선언하다 → 통 공공연히 비난하다
- ⊙ pro**nounc**e 앞쪽으로 발표하다 → 통 단언하다; 선언하다
- ⊙ re**nounc**e 뒤로[반대해서] 발표하다 → 통 포기하다

■ -pan- 빵(=bread)

- ⊙ accom**pan**y 함께 빵을 먹는 동료로 하다 → 통 ~에 동행하다
- ⊙ com**pan**y 함께 빵을 먹는 동료 → 몡 회사; 교제
- ⊙ com**pan**ion 함께 빵을 먹는 친구 → 몡 짝; 친구
- ⊙ **pan**try 빵을 놓는 장소 → 몡 식기[식료품]를 놓는 장소

■ -par-, -pair- 준비하다

- ⊙ pre**pare**   미리 준비하다 → 통 준비하다
- ⊙ re**pair**   다시 준비하다 → 통 수리하다
- ⊙ se**parate**   떼어 준비하다 → 통 분리하다
- ⊙ ap**para**tus   ～에 준비하는 것 → 준비된 것 → 명 기구

■ -part- 부분

- ⊙ **part**icipate   부분을 잡다 → 부분이 되다 → 통 참가하다
- ⊙ **part**icle   작은 부분 → 명 입자
- ⊙ **part**icular   작은 부분에 속하는 → 형 특별한
- ⊙ a**part**   한쪽 부분[편]으로 → 부 떨어져, 따로따로
- ⊙ de**part**   부분으로 떨어지다 → 나누다 → 통 출발하다
- ⊙ im**part**   ～에게 부분을 나누다 → 나누어주다 → 통 주다; 전하다

■ -pass- 지나가다

- ⊙ **pass**age   지나가는 것 → 명 도로; 진행
- ⊙ **pass**enger   지나가는 사람 → 명 여행자; 승객
- ⊙ com**pass**   함께 지나가는 것 → 순회하는 것 → 명 나침반
- ⊙ sur**pass**   ～위를 지나가다 → 넘다 → 통 ～을 능가하다
- ⊙ tres**pass**   ～을 넘어 지나가다 → 통 불법 침입하다

■ -path- 고통의 감정

- ⊙ **path**os   아파하는 것 → 명 비애, 페이소스
- ⊙ **path**etic   자주 아파하는 → 고통을 느끼기 쉬운 → 형 측은한
- ⊙ a**path**y   고통[감정]이 없는 것 → 명 무관심
- ⊙ anti**path**y   거슬러서 아파하는 것 → 감정에 거스르는 것 → 명 혐오감
- ⊙ sym**path**y   함께 아파하는 것 → 명 동정

■ -pel- 몰다, 물리치다

- ⊙ pro**pel**   앞쪽으로 몰다 → 통 추진시키다
- ⊙ com**pel**   완전하게 몰다 → 통 무리하게 ～시키다
- ⊙ dis**pel**   쫓아내다 → 통 사방으로 흩어지게 하다
- ⊙ ex**pel**   내쫓다 → 통 쫓아버리다
- ⊙ im**pel**   위로 몰다 → 통 강요하다
- ⊙ re**pel**   뒤로 물리치다 → 되쫓아 보내다 → 통 물리치다

■ **-pend-** 매달다
- ⊙ **pend**ant   매달려 있는 것 → 몡 펜던트
- ⊙ **pend**ulum   매달려 있는 것 → 몡 추
- ⊙ de**pend**   ~에서 (아래로) 매달다 → 동 의존하다
- ⊙ inde**pend**ence   의존하지 않는 것 → 몡 독립
- ⊙ im**pend**   ~의 위에 매달다 → 동 임박하다
- ⊙ sus**pend**   아래에 매달다 → 동 매달다

■ **-plore-** 울다, 외치다
- ⊙ de**plore**   충분히 울다 → 동 애통해 하다
- ⊙ ex**plore**   밖으로 외치다 → (동물을) 유인해 내다 → 동 탐험하다
- ⊙ im**plore**   위로 울다 → 동 간청하다

■ **-ply-** 접다
- ⊙ ap**ply**   ~에 접어서 겹치다 → 닿게 하다 → 동 적용하다
- ⊙ im**ply**   안에 접어 넣다 → 동 내포하다; 암시하다
- ⊙ multi**ply**   많이 접다 → 동 증대시키다; 곱하다
- ⊙ re**ply**   싸서 돌려주다 → 답례하다 → 동 대답하다

■ **-port-** 옮기다
- ⊙ ex**port**   밖으로 옮기다 → 동 수출하다
- ⊙ de**port**   떼어 옮기다 → 동 (국외) 추방하다
- ⊙ im**port**   안으로 옮기다 → 동 수입하다
- ⊙ re**port**   뒤로 옮기다 → 옮겨 돌려주다 → 동 보고하다
- ⊙ sup**port**   (아래에서) 위로 옮기다 → 동 지지하다
- ⊙ trans**port**   가로질러 옮기다 → 동 수송하다

■ **-pose-** 놓다
- ⊙ com**pose**   함께 놓다 → 동 구성하다; 조립하다
- ⊙ decom**pose**   조립한 것을 원래 상태로 되돌리다 → 동 분해하다
- ⊙ ex**pose**   밖에 놓다 → 동 드러내다; 폭로하다
- ⊙ inter**pose**   사이에 놓다 → 동 사이에 놓다[넣다]
- ⊙ sup**pose**   아래에 놓다 → 동 가정하다
- ⊙ dis**pose**   떼어 놓다 → 동 배치하다
- ⊙ im**pose**   위에 놓다 → 동 (세금, 형벌을) 지우다
- ⊙ pro**pose**   앞쪽에 놓다 → 동 제안하다
- ⊙ re**pose**   다시 놓다 → 동 위임하다
- ⊙ op**pose**   ~에 반하여 놓다 → 동 반항하다
- ⊙ pre**pos**ition   앞에 놓는 것 → 몡 전치사

■ -press- 누르다

- ⊙ **press**   함께 누르다 → 통 [내리] 누르다
- ⊙ com**press**   아래로 누르다 → 통 압축하다
- ⊙ de**press**   밖으로 누르다 → 눌러 짜내다 → 통 (남을) 낙담시키다
- ⊙ ex**press**   위로 누르다 → 통 표현하다
- ⊙ im**press**   ~에 대해 누르다 → 통 ~에게 인상을 주다
- ⊙ op**press**   아래로 누르다 → 통 중압감을 주다; 압박하다
- ⊙ sup**press**   아래로 누르다 → 통 진압하다

■ -pute- 생각하다

- ⊙ dis**pute**   떼어[따로따로] 생각하다 → 통 논쟁하다
- ⊙ com**pute**   함께 생각하다 → 전체적으로 생각하다 → 통 계산하다
- ⊙ com**pute**r   전체적으로 생각하는 것 → 명 컴퓨터
- ⊙ im**pute**   ~에 (대하여) 생각하다 → 통 ~의 탓으로 하다
- ⊙ re**pute**   다시 생각하다 → 평가하다 → 명 평판

■ -quire-, -quer- 요구하다, 묻다

- ⊙ re**quire**   다시 요구하다 → 통 요구하다
- ⊙ ac**quire**   ~에게 요구하다 → 통 손에 넣다
- ⊙ in**quire**, en-   안에 요구하다 → 통 묻다
- ⊙ con**quer**   완전하게 요구하다 → 통 정복하다

■ -riv- 강

- ⊙ **riv**er   강변: (주) 본래는 아래의 3 단어와는 다른 어원 → 명 강
- ⊙ **riv**al   맞은편 강변에 사는 상대→ 강의 이용에서 경쟁하는 상대 → 명 경쟁상대
- ⊙ ar**riv**e   강의 제방으로 → 육지에 오다 → 통 도착하다
- ⊙ de**riv**e   강에서 (물을 끌다) → 통 끌어내다

■ -rupt- 깨어진

- ⊙ ab**rupt**   (갑자기) 져서 없어진 → 형 갑작스러운, 뜻밖의
- ⊙ bank**rupt**   은행이 깨어진 → 명·형 파산자; 파산한
- ⊙ cor**rupt**   완전하게 깨진[부서진] → 형 부패한
- ⊙ dis**rupt**   깨져서 떨어져나간 → 통 혼란시키다
- ⊙ e**rupt**   밖으로 깨어진 → 통 분출하다
- ⊙ inter**rupt**   사이에서 깨지다 → 끼어들다 → 통 방해하다

■ **-scend-** 오르다
- ⊙ de**scend**   아래로 오르다 → (언덕 등을) 내려가다 → 통 **내려가다; 전해지다**
- ⊙ a**scend**   위로 오르다 → 통 **올라가다; 오르다**
- ⊙ tran**scend**   넘어 오르다 → 통 **초월하다**

■ **-scope-** 보다
- ⊙ **scope**   보다 → 명 **범위; 시야**
- ⊙ micro**scope**   작은 것을 보는 것 → 명 **현미경**
- ⊙ peri**scope**   (해상의) 주위를 보는 것 → 명 **잠망경**
- ⊙ tele**scope**   먼 것을 보는 것 → 명 **망원경**

■ **-scribe-** 쓰다
- ⊙ de**scribe**   아래로 쓰다(써 내려가다) → 통 **묘사하다**
- ⊙ a**scribe**   ~로 쓰다 → 통 **~의 탓으로 하다**
- ⊙ circum**scribe**   주위에 쓰다 → 선으로 둘러싸다 → 통 **제한하다**
- ⊙ in**scribe**   위에 쓰다 → 통 **새기다**
- ⊙ pre**scribe**   미리 쓰다 → 통 〈약을〉 **처방하다**
- ⊙ sub**scribe**   아래에 쓰다 → 통 **서명하다; 기부하다**

■ **-sent-** 느끼다
- ⊙ as**sent**   ~에 (대하여) 느끼다 → 통 **찬성하다**
- ⊙ dis**sent**   떨어져서 느끼다 → 통 **이의를 제기하다**
- ⊙ con**sent**   함께 느끼다 → 통 **동의하다**
- ⊙ re**sent**   다시[강하게] 느끼다 → 통 **분개하다**
- ⊙ **sense**   느끼는 것 → 명 **감각; 지각**
- ⊙ **sent**iment   느껴서 생기는 것 → 명 **감정**

■ **-sequ-, -secu-** 따르다
- ⊙ **sequ**ence   따라서 일어나는 것 → 명 **연속**
- ⊙ con**sequ**ence   함께 따라서 일어나는 것 → 명 **결과**
- ⊙ exe**cute**   철저히 따르다 → 추구하다 → 통 **실행하다**
- ⊙ perse**cute**   완전히 따르다 → 끈덕지게 따르다 → 통 **박해하다**
- ⊙ prose**cute**   앞쪽에 따르다 → 뒤를 따르다 → 통 **기소하다**

■ **-sert-** 연결시키다
- ⊙ ex**ert**   밖에 연결시키다 → 쑥 내밀다 → 통 **발휘하다, 쓰다**
- ⊙ as**sert**   ~에 연결시키다 → 통 **단언하다**
- ⊙ de**sert**   결합을 놓다 → 통 **버리다**
- ⊙ in**sert**   안에 연결시키다[넣다] → 통 **삽입하다**

■ **-serv-** 유지하다
  ⊙ ob**serve**   ~에 주의를 유지하다 → 통 관찰하다
  ⊙ con**serve**   잘 유지하다 → 통 보존하다
  ⊙ pre**serve**   사전에 유지하다 → 통 보호하다
  ⊙ re**serve**   뒤로 유지하다 → 통 비축하다; 예약하다

■ **-sign-** 표
  ⊙ **sign**   ~에 표를 붙이다 → 명 표; 게시
  ⊙ as**sign**   ~에 표를 붙이다 → 명 표; 게시
  ⊙ de**sign**   밖에 표를 붙이다 → 확실히 보이게 쓰다 → 통 설계하다
  ⊙ re**sign**   뒤로 표를 붙이다 → 장부의 기록을 지우다 → 취소하다 → 통 사직하다

■ **-sist-** 서다
  ⊙ in**sist**   위에 서다 → 통 강요하다
  ⊙ as**sist**   ~에게 서다 → 옆에 서다 → 통 돕다
  ⊙ con**sist**   함께 서다 → 통 ~로 이루어져 있다
  ⊙ ex**ist**   밖에 서다 → 통 존재하다
  ⊙ per**sist**   통하여[쭉] 서다 → 통 고집하다
  ⊙ re**sist**   ~에게 대하여 서다 → 통 저항하다
  ⊙ sub**sist**   아래에 서다 → 통 내재하다

■ **-spec-** 보다
  ⊙ ex**pect**   밖을 보다 → 통 기대하다
  ⊙ a**spect**   ~쪽을 보다 → 보이는 것 → 명 외관, 상태
  ⊙ in**spect**   안을 보다 → 통 점검하다
  ⊙ pro**spect**   앞을 보다 → 전방에 보이는 것 → 명 예상
  ⊙ re**spect**   뒤를 보다 → 뒤돌아보다 → 통 존경하다
  ⊙ retro**spect**   (이전을) 반복해서 보다 → 명 회고
  ⊙ su**spect**   아래를 보다 → 통 의심하다

■ **-spir-** 숨쉬다
  ⊙ in**spire**   안에 숨쉬다 → 흡입하다 → 통 분발하게 하다
  ⊙ a**spire**   ~로 숨쉬다 → 통 열망하다
  ⊙ con**spire**   함께 숨쉬다 → 통 공모하다
  ⊙ ex**pire**   밖으로 숨쉬다 → 숨이 다하다 → 통 죽다
  ⊙ per**spire**   통하여 숨쉬다 → 통 땀을 흘리다
  ⊙ **spir**it   (생명의) 숨이 되는 것 → 명 영혼

■ -spond- 약속하다

- ⊙ re**spond**   뒤쪽으로 약속하다 → 약속을 갚다 → 통 대답하다
- ⊙ de**spond**   약속에서 떨어지다 → 통 낙담하다
- ⊙ corre**spond**   함께 약속을 갚다 → 상호 서로에게 응답하다 → 통 소식을 주고받다

■ -stance- 서는 것

- ⊙ in**stance**   (가깝게) 서 있는 것 → 명 사실
- ⊙ di**stance**   떨어져 서는 것 → 명 거리
- ⊙ circum**stance**   주위에 서 있는 것 → 명 상황
- ⊙ sub**stance**   아래에 서는 것 → 근저에 있는 것 → 명 물질, 본질

■ -struct- 세우다

- ⊙ **struct**ure   세운 것 → 명 구조; 건조물
- ⊙ con**struct**   함께 세우다 → 통 건설하다
- ⊙ in**struct**   위에 세우다 → 전하다 → 통 가르치다; 지시하다
- ⊙ ob**struct**   ~에 반하여 세우다 → 통 방해하다

■ -sume- 취하다

- ⊙ re**sume**   다시 취하다 → 통 다시 시작하다
- ⊙ as**sume**   ~에게 (어떤 태도를) 취하다 → ~라고 받아들이다 → 통 가정하다
- ⊙ con**sume**   완전하게 취하다 → 통 다 써버리다
- ⊙ pre**sume**   사전에 취하다 → 당연한 것으로 생각하다 → 통 추정하다

■ -sure- 확실한

- ⊙ **sure**   확실한; 걱정 없는 → 형 확신하고 있는
- ⊙ as**sure**   확실한 것으로 하다 → 통 보증하다
- ⊙ en**sure**   확실한 것이 되게 하다 → 통 책임지다
- ⊙ in**sure**   확실한 것이 되게 하다 → 통 보험을 들다

■ -tail- 자르다

- ⊙ **tail**or   자르는 사람 → 명 재단사
- ⊙ de**tail**   완전하게 자르다 → 잘게 절단하다 → 명 세부, 세목
- ⊙ re**tail**   다시 자르다 → 작은 조각으로 자르다 → 명 소매

■ -tain- 잡고 있다

- ⊙ con**tain**   함께 잡고 있다 → 통 포함하다
- ⊙ ab**stain**   떨어져 잡고 있다 → 통 절제하다
- ⊙ de**tain**   떨어져 잡고 있다 → 통 지체하게 하다

- ⊙ enter**tain**   사이에 잡고 있다 → 유지하다 → 통 즐겁게 해주다
- ⊙ main**tain**   손으로 잡고 있다 → 통 지속[유지]하다
- ⊙ ob**tain**   확실히 잡고 있다 → 통 손에 넣다
- ⊙ re**tain**   뒤에 잡고 있다 → 통 보유[유지]하다
- ⊙ sus**tain**   위에 잡고 있다 → 통 지탱하다

■ **-tect-** 덮다
- ⊙ pro**tect**   앞쪽을 덮다 → 통 지키다; 보호하다
- ⊙ de**tect**   덮개를 떼다 → 통 찾아내다, 눈치 채다

■ **-tempo-** 시간(時)
- ⊙ **tempo**ral   시간의 → 형 시간의
- ⊙ **tempo**rary   시간의 → 형 일시적인, 덧없는
- ⊙ con**tempo**rary   함께[같은] 시간의 → 형 동시대의

■ **-tend-** 뻗다
- ⊙ **tend**   뻗다 → ~쪽으로 움직이다 → 통 경향이 있다
- ⊙ at**tend**   ~로 뻗다 → ~로 마음을 향하다 → 통 주의를 기울이다
- ⊙ con**tend**   함께 뻗다 → 맞서다 → 통 싸우다, 경쟁하다
- ⊙ ex**tend**   밖에까지 뻗다 → 통 길게 늘이다
- ⊙ in**tend**   ~쪽으로 뻗다 → 주의를 향하다 → 통 의도하다
- ⊙ pre**tend**   앞으로 뻗다 → 통 주장하다; ~인 체하다

■ **-term-** 한계, 경계
- ⊙ **term**   한계, 경계 → 명 (일정한) 기간
- ⊙ **term**inal   한계에 관계하는 → 형 말단의; 명 종착역
- ⊙ **term**inate   한계[경계]를 정하다 → 통 끝내다
- ⊙ de**term**ine   떼어서 경계를 정하다 → 통 결정하다
- ⊙ ex**term**inate   경계의 밖으로 내쫓다 → 통 박멸하다

■ **-test-** 증언하다
- ⊙ pro**test**   앞에[공식으로] 증언하다 → 통 항의하다
- ⊙ at**test**   ~에게 증언하다 → 통 증명이 되다, 증언하다
- ⊙ con**test**   함께[강하게] 증언하다 → 통 논쟁하다; 경쟁하다
- ⊙ de**test**   아래로 증언하다 → 증언하여 비난하다 → 통 몹시 싫어하다
- ⊙ **test**ify   증언을 이루다 → 통 증언하다
- ⊙ **test**imony   증언하는 상태 → 명 증언

■ **-tort-** 비틀다
- ⊙ dis**tort**   완전하게 비틀다 → 통 왜곡하다
- ⊙ re**tort**   뒤로 비틀다 → 거듭해 비틀다 → 통 되받아치다
- ⊙ **tort**ure   비틀림을 당하는 것 → 명 고문

■ **-tract-** 잡아당기다
- ⊙ at**tract**   ~로 잡아당기다 → 통 끌다
- ⊙ abs**tract**   떼어 잡아당기다 → 통형 떼어 내다; 추상적인
- ⊙ con**tract**   함께 잡아당기다 → 통 계약하다
- ⊙ dis**tract**   떼어서 잡아당기다 → 통 (주의를) 딴 데로 쏠리게 하다
- ⊙ ex**tract**   밖으로 잡아당기다 → 통 끌어내다, 빼내다
- ⊙ sub**tract**   아래에서 잡아당기다 → 통 (수를) 빼다

■ **-tribute-** 나누어 주다
- ⊙ dis**tribute**   쪼개서 나누어 주다 → 통 분배하다
- ⊙ at**tribute**   ~에게 나누어 주다 → 통 ~의 탓으로 하다
- ⊙ con**tribute**   (타인과) 함께 나누어 주다 → 통 기부하다; 공헌하다
- ⊙ **tribute**   나누어 주어지는 것 → (군주에의) 세금 → 명 선물

■ **-vade-** 가다
- ⊙ in**vade**   안으로 가다 → 통 침입하다
- ⊙ e**vade**   밖으로 가다 → 통 빠져나가다, 피하다
- ⊙ per**vade**   통하여 가다 → 통 침투하다; 고루 미치다

■ **-vent-** 오다
- ⊙ e**vent**   밖에 다녀오다 → 명 행사
- ⊙ in**vent**   위에 오다 → 우연히 만나다 → 통 발명하다
- ⊙ pre**vent**   사전에 오다 → 앞에 시작하다 → 통 막다
- ⊙ ad**vent**ure   ~에 오는[일어나는] 것 → 사건 → 명 모험
- ⊙ **vent**ure   사건 → 명 위험한 시도
- ⊙ con**vent**ion   함께 모이는 것 → 명 (정치) 집회

■ **-vert-** 방향을 바꾸다, 돌다
- ⊙ ad**vert**ise   ~의 쪽으로 방향을 바꾸다 → 경고하다 → 통 광고하다
- ⊙ con**vert**   함께 방향을 바꾸다 → 통 바꾸어놓다; 변형시키다
- ⊙ di**vert**   떨어져 방향을 바꾸다 → 통 딴 데로 돌리다
- ⊙ in**vert**   ~로 향해 방향을 바꾸다 → 방향을 바꾸다 → 통 뒤집다
- ⊙ sub**vert**   아래로 방향을 바꾸다 → 통 전복하다; 타도하다

■ **-vis-** 보다
- ⊙ ad**vis**e   ～쪽을 보다 → 동 충고하다
- ⊙ impro**vis**e   미리 볼 수 없는 → 동 즉석에서 만들다
- ⊙ re**vis**e   다시 보다 → 동 개정하다
- ⊙ tele**vis**e   멀리 보다 → 동 텔레비전으로 방송하다
- ⊙ **vis**it   보러 가다 → 동 방문하다
- ⊙ **vis**ion   보는 것 → 명 시력; 광경
- ⊙ **vis**ible   보는 것이 가능한 → 형 가시의
- ⊙ **vis**ual   보기 위한 → 형 시각의

■ **-voc-, -vok-** 부르다
- ⊙ **voc**ation   (신에게) 부름을 받는 것 → 명 천직
- ⊙ **voc**abulary   부르는 것 → 말, 이름 → 명 어휘
- ⊙ e**vok**e   밖으로 부르다 → 동 불러내다
- ⊙ in**vok**e   위에 부르다 → 동 기원하다
- ⊙ pro**vok**e   앞쪽으로 부르다 → 동 자극하다; 화나게 하다
- ⊙ re**vok**e   뒤로 부르다 → 다시 부르다 → 동 취소하다

중요 접미어 정리

1. 추상명사를 만드는 접미어

■ **-age** 상태, 수량
  ⊙ short*age* 결핍
  ⊙ mile*age* 마일 수

■ **-al** 성질, 행동, 행위
  ⊙ remov*al* 제거
  ⊙ arriv*al* 도착

■ **-ance, -ancy, -ence, -ency**
  행위, 상태, 성질
  ⊙ attend*ance* 출석
  ⊙ const*ancy* 불변
  ⊙ abs*ence* 결석
  ⊙ consist*ency* 일관성

■ **-cent** 100
  ⊙ per*cent* 퍼센트, 100분의 1

■ **-dom** 상태, 상황
  ⊙ free*dom* 자유

■ **-gram** 쓰여진 것
  ⊙ tele*gram* 전보

■ **-graph** 쓰여진 것
  ⊙ tele*graph* 전신

■ **-hood** 상태, 시대
  ⊙ neighbor*hood* 근처
  ⊙ boy*hood* 소년시대

■ **-ic(s)** …학, …론, …술
  ⊙ phys*ics* 물리학
  ⊙ poet*ics* 시론
  ⊙ aerob*ics* 에어로빅

■ **-ion** 행위, 상태
  ⊙ invita*tion* 초대
  ⊙ confu*sion* 혼란

■ **-ism** 주의, 신조, 태도, 행위
  ⊙ optim*ism* 낙관주의
  ⊙ Buddh*ism* 불교
  ⊙ critic*ism* 비평

■ **-itude** 성질, 상태
  ⊙ soli*tude* 고독

■ **-logy** …학, …론
  ⊙ philo*logy* 문헌학

■ **-ment, -mony** 가정, 결과
  ⊙ move*ment* 운동
  ⊙ cere*mony* 의식

- **-ness** 성질, 상태
  - ⊙ kind*ness* 친절
  - ⊙ happi*ness* 행복

- **-ory** 장소
  - ⊙ dormit*ory* 기숙사

- **-o(u)r** 성질, 상태
  - ⊙ favo*(u)r* 호의

- **-phobia** 공포증
  - ⊙ acro*phobia* 고소공포증
  - ⊙ claustro*phobia* 폐소공포증

- **-phone** 음
  - ⊙ tele*phone* 전화

- **-ship** 지위, 신분, 직, 기량, 상태, 성질
  - ⊙ member*ship* 회원
  - ⊙ craftsman*ship* 기능
  - ⊙ friend*ship* 우정

- **-y, -ry, -ty, -ety, -ity**
  성질, 상태, 행위, 직업, 물건의 종류, 장소
  - ⊙ deliver*y* 배달
  - ⊙ baker*y* 빵집
  - ⊙ braver*y* 용기
  - ⊙ safe*ty* 안전
  - ⊙ gaie*ty* 명랑
  - ⊙ rapid*ity* 신속

2. '사람'을 나타내는 접미어

- **-ain**
  - ⊙ capt*ain* 선장

- **-aire**
  - ⊙ million*aire* 백만장자

- **-an, -ean, -ian**
  - ⊙ Americ*an* 미국인
  - ⊙ Europ*ean* 유럽인
  - ⊙ histori*an* 역사가

- **-ant**
  - ⊙ assist*ant* 조수

- **-ar**
  - ⊙ schol*ar* 학자

- **-ard**
  - ⊙ cow*ard* 겁쟁이

- **-ary**
  - ⊙ secret*ary* 비서

- **-ate**
  - ⊙ candid*ate* 후보자

- **-ee** '~되어진 사람' → **-er**
  - ⊙ employ*ee* 종업원

- **-eer**
  - ⊙ engin*eer* 기사

- **-en**
  - ⊙ citiz*en* 시민

- **-ent**
  - ⊙ stud*ent* 학생

- **-er** '~하는 사람' → **-ee**
  - ⊙ employ*er* 고용주

- **-ese**
  - ⊙ Japan*ese* 일본인

- **-ess** (여성)
  - ⊙ actr*ess* 여배우

- **-eur**
  - ⊙ amat*eur* 아마추어

- **-ier**
  - ⊙ sold*ier* 병사

- **-ish**
  - ⊙ Brit*ish* 영국인

- **-ist**
  - ⊙ art*ist* 예술가

- **-or**
  - ⊙ act*or* 남자 배우

- **-ster**
  - ⊙ min*ister* 장관

3. 형용사·부사를 만드는 접미어

- **-able, -ible** 가능, 성질
  - ⊙ enjoy*able* 즐거운
  - ⊙ comfort*able* 쾌적한
  - ⊙ comprehens*ible* 이해할 수 있는

- **-al, -ial** 성질, 관계
  - ⊙ education*al* 교육적인
  - ⊙ essent*ial* 본질적인

- **-ant, -ent** 상태
  - ⊙ brilli*ant* 빛나는
  - ⊙ differ*ent* 다른

- **-ar** 성질
  - ⊙ popul*ar* 인기 있는

- **-ate** ...에 찬, 성질
  - ⊙ accur*ate* 정확한

- **-ed**
  규칙 동사의 과거형·과거분사형, 과거분사의 형
  용사적 용법
  - ⊙ studi*ed* 공부한
  - ⊙ talent*ed* 재능 있는

- **-en** ...로 만든, ...같은
  - ⊙ wood*en* 나무로 된
  - ⊙ gold*en* 황금색의

- **-ful** ...에 찬, 성질
  - ⊙ delight*ful* 유쾌한
  - ⊙ care*ful* 주의 깊은
  - ⊙ forget*ful* 잊기 쉬운

- **-ic** ...에 관한, ...같은, 성질
  - ⊙ atom*ic* 원자의
  - ⊙ econom*ic* 경제의
  - ⊙ hero*ic* 영웅적인

■ **-ical** ...에 관한, ...같은, 성질
- ⊙ chem*ical* 화학의
- ⊙ econom*ical* 경제적인
- ⊙ trop*ical* 열대의
- ⊙ ident*ical* 동일한

■ **-id** 상태
- ⊙ rap*id* 빠른
- ⊙ viv*id* 생생한

■ **-ing** 동사의 현재분사, 성질
- ⊙ play*ing* 놀고 있는
- ⊙ amaz*ing* 놀랄만한
- ⊙ interest*ing* 재미있는

■ **-ish** ...같은, 다소 ... 기색의, 성질
- ⊙ child*ish* 어린애 같은
- ⊙ fatt*ish* 다소 살찐
- ⊙ self*ish* 이기적인

■ **-ive** 경향, 성질
- ⊙ act*ive* 활동적인
- ⊙ attract*ive* 매력적인
- ⊙ talkat*ive* 말하기를 좋아하는

■ **-less** ...가 없는, ...할 수 없는
- ⊙ care*less* 부주의한
- ⊙ count*less* 무수한
- ⊙ number*less* 셀 수 없는

■ **-like** ...같은, ...인 듯한, 성질
- ⊙ dream*like* 꿈같은
- ⊙ child*like* 어린이 다운

■ **-ly** ...같은, 성질(형용사)
- ⊙ friend*ly* 친절한
- ⊙ love*ly* 아름다운

■ **-ly** 정도, 태도, 방법(부사)
- ⊙ exact*ly* 정확히
- ⊙ near*ly* 거의
- ⊙ actual*ly* 실제로

■ **-ory** ...같은, 성질
- ⊙ satisfact*ory* 만족한
- ⊙ contradict*ory* 모순된

■ **-ous** ...에 찬, 성질
- ⊙ mysteri*ous* 신비적인
- ⊙ danger*ous* 위험한

■ **-proof** 방...의, 내...의
- ⊙ water*proof* 방수의

■ **-some** 경향, ~을 야기하는
- ⊙ tire*some* 지루한
- ⊙ trouble*some* 성가신

■ **-ward(s)** 방향(부사)
- ⊙ for*ward* 앞으로

■ **-wise** ...같은(같이), ...에 관하여(형용사·부사)
- ⊙ clock*wise* 시계방향의[으로]
- ⊙ salary*wise* 급여 면에서는

■ **-worthy** 가치
- ⊙ note*worthy* 주목할 만한

■ **-y** 특징, ...에 찬, 약간 ...인
- ⊙ rain*y* 비오는
- ⊙ grass*y* 풀로 뒤덮인
- ⊙ cloud*y* 흐린

4. 동사를 만드는 접미어

■ **-ate** …하다
- ⊙ celebr*ate* 축하하다
- ⊙ estim*ate* 견적하다
- ⊙ gradu*ate* 졸업하다
- ⊙ nomin*ate* 지명하다

■ **-en** …로 하다, …로 되다
- ⊙ broad*en* 넓어지다
- ⊙ dark*en* 어둡게 하다
- ⊙ length*en* 길게 하다
- ⊙ sadd*en* 슬프게 하다

■ **-ify** …하게 하다, …화하다
- ⊙ beaut*ify* 아름답게 하다
- ⊙ simpl*ify* 단순화하다

■ **-ish** …하게 하다
- ⊙ cher*ish* 소중히 하다
- ⊙ publ*ish* 출판하다

■ **-ize, -ise**(영) …(화)하다
- ⊙ critic*ize* 비평하다
- ⊙ summar*ize* 요약하다
- ⊙ urban*ise* 도시화하다

■ **-port** 옮기다
- ⊙ re*port* 보고하다

나·오·는·단·어·만·외·운·대!

NEW TOEIC *VOCABULARY 1100*

Index

size *262*
skill *229, 273*
slight *151, 182*
slightly *151*
slow *77*
small *78*
smart *149*
smoke *157*
soccer *143, 211*
social *184*
social environment *21*
socialize *184*
socially *184*
society *184*
software *126, 255*
sojourn *287*
soldier *78, 301*
solitude *299*
solution *149, 253, 267*
solve *29, 149*
someone *16, 75*
soon *193*
sort *233*
sort of *233*
source *59, 116*
space *169, 212*
spare *16*
speaking *38*
special *61, 114, 168, 184, 192*
specialist *114*
specialization *32*
specialize *114*
specialized *114*
specially *114*
specialty *114*
specific *258*
specifically *101, 258*
specification *258*
specify *254, 258*
spectator *48* ,
speech *15, 16, 32, 83*
speeding *117*
spend *41*
spending *269*
spirit *294*
sponsor *132*
sponsorship *132*
stability *44*
stabilize *44*
stable *44*
stack *173*

staff *202, 207*
staff meeting *239*
stair *41*
stairs *195*
stamp *82*
stand *256*
standard *57, 148, 181*
standardization *57*
standardize *57*
start *46, 61, 79*
state *243*
statement *243*
statistic *17*
statistical *17*
statistically *17*
statistics *17*
status *241*
status quo *241*
stay *91, 150, 185*
steadily *245*
steady *44, 245*
steel *29*
steel industry *29*
steely *29*
step *251*
step down *156*
still *199*
stimulant *181*
stimulate *181*
stimulating *181*
stimulation *181*
stimulative *181*
stimulus *181*
stock *50, 27, 93, 137, 217, 235*
stock exchange *187*
stop *40*
storage *145*
store *25, 94, 145, 157, 201*
storehouse *203*
storeroom *203*
strategic *150*
strategy *150*
street *39*
strength *163*
strengthen *124, 163*
stress *65, 201*
stressful *65*
strict *181*
strictly *181*
strictly speaking *181*
stringent *181*

strive *34*
strong *69, 101, 163, 264*
strong urge *35*
strongly *114, 163*
structural *113*
structure *113, 295*
student *32, 301*
studied *301*
study *182*
stuff *84*
subject *227, 256, 287*
subject to *227*
subjective *227*
submission *243*
submissive *243*
submit *243, 288*
subscribe *160, 293*
subscriber *160*
subscription *160*
subsist *294*
subsonic *278*
substance *295*
substantially *157*
substitute *75, 142*
substitution *75*
subtitle *278*
subtract *271, 297*
subvert *297*
subway *210, 278*
succeed *159, 160, 280*
success *38, 65, 15, 159, 267*
successful *159*
successfully *159*
succession *159*
successive *159*
successively *159*
successor *159*
sudden *61, 127, 192*
suddenly *61, 227*
suffer *39, 283*
sufficient *147, 193*
sufficiently *147*
suggest *115, 285*
suggestion *115*
suggestive *115*
suit *143, 191*
suitability *191*
suitable *191, 237*
suitably *191*
sum up *191*
summarization *191*

NEW TOEIC 최빈출 **VOCA 1100**

2013년 5월 23일 1판 4쇄 인쇄
2013년 5월 30일 1판 4쇄 발행

지은이 | TOMATO 교재편집팀

펴낸이 | 김남일

펴낸곳 | **TOMATO**

등록번호 | 제6-0622호

주소 | 서울 동대문구 답십리1동 469-3 월드씨티빌딩 501호

전화 | 0502-600-4925

팩스 | 0502-600-4924

ⓒ **TOMATO 2010**

ISBN 978-89-91068-40-7
파본은 교환해 드립니다(정가는 표지에 있습니다).

토마토출판사 홈페이지(www.tomatobooks.co.kr)

이 도서의 국립중앙도서관 출판시도서목록(CIP)은
e-CIP홈페이지(http://www.nl.go.kr/ecip)와
국가자료공동목록시스템(http://www.nl.go.kr/kolisnet)에서
이용하실 수 있습니다.(CIP제어번호: CIP2011004616)